大学文科基本用书·文学
DAXUE WENKE JIBEN YONGSHU · WENXUE

现代汉语基础

(第二版)

胡吉成 编著

北京大学出版社
PEKING UNIVERSITY PRESS

图书在版编目(CIP)数据

现代汉语基础/胡吉成编著. —2版. —北京：北京大学出版社，2015.7
（大学文科基本用书·文学）
ISBN 978-7-301-26017-3

Ⅰ.①现…　Ⅱ.①胡…　Ⅲ.①现代汉语—高等学校—教材　Ⅳ.①H109.4

中国版本图书馆 CIP 数据核字（2015）第 146355 号

书　　　名	现代汉语基础（第二版）
著作责任者	胡吉成　编著
责 任 编 辑	徐丹丽
标 准 书 号	ISBN 978-7-301-26017-3
出 版 发 行	北京大学出版社
地　　　址	北京市海淀区成府路 205 号　100871
网　　　址	http://www.pup.cn　新浪微博：@北京大学出版社
电 子 信 箱	pkuwsz@126.com
电　　　话	邮购部 62752015　发行部 62750672　编辑部 62752022
印 刷 者	三河市北燕印装有限公司
经 销 者	新华书店
	965 毫米×1300 毫米　16 开本　15.75 印张　185 千字
	2006 年 1 月第 1 版
	2015 年 7 月第 2 版　2022 年 8 月第 7 次印刷
定　　　价	46.00 元

未经许可，不得以任何方式复制或抄袭本书之部分或全部内容。
版权所有，侵权必究
举报电话：010-62752024　电子信箱：fd@pup.pku.edu.cn
图书如有印装质量问题，请与出版部联系，电话：010-62756370

目录

前　言 /1

第一章　我们的交际工具
　　　　——普通话 /1
　一　语言是个什么东西 /1
　二　共同语 /8
　三　人人都说普通话 /11
　四　现代汉语的七个孩子 /22

第二章　语言的形式
　　　　——语音 /42
　一　奇妙的语音 /42
　二　语音的特点 /44
　三　语音单位 /48
　四　普通话的声母 /52
　五　普通话的韵母 /59
　六　普通话的声调 /68
　七　汉语拼音方案 /73

第三章　语言的建筑材料
　　　　——语汇 /79
　一　什么是语汇 /79
　二　认识一下语素 /81
　三　基本词和一般词 /86
　四　单纯词和合成词 /91

目录

　　五　单音节词和多音节词/94

　　六　什么是词义/99

　　七　单义词和多义词/104

　　八　同义词和反义词/107

　　九　熟语/118

第四章　语言的结构规则

　　　　——语法/131

　　一　什么是语法/131

　　二　词的内部结构/135

　　三　词的外部功能/139

　　四　词与词的组合/144

　　五　认识句子/147

　　六　常用动词谓语句/156

　　七　复句的基本类型/169

　　八　句子运用中常见的语法错误/175

第五章　记录语言的符号

　　　　——文字/182

　　一　文字的神奇作用/182

　　二　汉字的发展历史/186

　　三　汉字的结构单位/193

　　四　汉字的造字方式/197

　　五　现代汉字的标准化/200

第六章　运用语言的技巧

　　　　——修辞/208

　　一　妙不可言的修辞/209

目录

二 锤炼锤炼词语/213

三 多姿多彩的句子/219

四 蕴含丰富的修辞格/232

前　言

本书名为"现代汉语基础",实际上讲的是当代汉语的事情。

从历史看,现代汉语和近代汉语的划界是1919年的五四运动,因为五四新文化运动确立了白话文在书面语中的地位。随着五四运动的爆发和深入发展,当时又引发了一系列的语文运动：切音字运动、国语运动、白话文运动,号称三大语文运动。这三大语文运动相互关联,最终的结果是确立了现代汉语的标准语,确定了现代汉语的文学语言。所以一般把五四运动作为现代汉语开端的标志。但是1949年以后,现代汉语发生了翻天覆地的变化：一方面,社会的政治经济文化的巨大变革给汉语增加了前所未有的丰富内容；另一方面,国家语言文字主管部门明确了汉民族共同语普通话的法定地位——在20世纪50年代首先确立以普通话为现代汉民族共同语,并从语音、语汇、语法诸方面明确了规范标准,接着在本世纪初又以法的形式进一步确立普通话为国家通用语言。因此,以普通话为代表的现代汉语,其地位是任何历史语言都无法比拟的,而且也给社会带来了崭新的面貌。"现代汉语"作为学科或课程,其本身的关注点也已经移到了当前、当代,即关注1949年中华人民共和国成立以后,而不是五四以来的现代汉语的笼统介绍,所以，目前的"现代汉语"课程或教材，说是当代汉语是实至名归的。考虑到研究传统与社会的适应性，我们仍然使用"现代汉语"这个传统的名称，但是研究的重心则是当前、当代，因此，本书的用例，无论是节选自公开发表的作品的语料，还是自拟的语料，都是立足于当代，立足于当下。这是首先要说明的。

由于本书是根据汉语言文学专业专科升本科的教学需要而编写的专科补修教材，因而本书的编写立足于基础，立足于补修，知识系统尽量围绕现代汉语普通话结构要素的主要内容展开介绍，知识点尽量集中，行文尽量简洁活泼，用语尽量通俗易懂，概念尽可能地加以解释说明，以便使用者在比较短的时间内把握本课程最主要的知识，对于现代汉语普通话系统的概貌有一个初步的认识与了解。

"现代汉语"课程在大学中文系汉语言文学专业一般都是开设两个学期，这么多的内容我们通过这个小册子来反映，涵盖的内容即使再简单，也仍然很丰富，自学有难度是自不待言的。如果在自学的过程中看不懂怎么办？有些内容不喜欢怎么办？我的意见是：干脆跳过去！只看你喜欢的内容。除非你是系统学习，需要参加考试拿到学分，那就需要强迫自己耐着性子读下去。如果仅仅是想了解一下现代汉语的有关知识，阅读本书就不必那么累人，不必折磨自己，拣你自己感兴趣的内容来阅读就可以了。等你哪天突然产生了兴趣，有决心系统地了解、认识现代汉语，那时再继续学习、深入研究也不迟。

本书的编写，重点参考了如下著作：张斌主编的《现代汉语》《简明现代汉语》《现代汉语专题》、胡吉成主编的《修辞与言语艺术》(中央广播电视大学出版社出版)，叶蜚声与徐通锵合著的《语言学纲要》、北京大学中文系编写的《现代汉语专题教程》(北京大学出版社出版),《中华人民共和国国家通用语言文字法学习读本》(语文出版社出版),钱为钢主编的《应用汉语教程》(上海教育出版社出版)。其余未能一一指明,在此一并表示感谢。由于成书仓促,加之编写这类教材没有更多的经验可供借鉴,书中不足之处在所难免,在此我恳切地欢迎广大使用者提出宝贵的意见和建议,以便今后重印时修订改进。

胡吉成

2014年4月于北京小营

第一章　我们的交际工具
——普通话

作为一个社会化的人,我们每一个人都生活在群体中,离不开群体,离不开社会,不是孤零零的存在,因而我们在日常生活、学习、工作中,必然要进行人际沟通,进行社会交往。那么我们靠什么工具来与人交际沟通、传递信息呢?答案是:靠语言!语言是人类交际沟通必不可少的工具,而且是最重要的交际工具。为什么福建人说话广东人听不懂?反过来,为什么广东人说话福建人听不懂?怎样让他们彼此听懂对方的话?答案是:在一个国家或一个民族内部,由于方言存在,其成员要顺利地交际沟通,传递思想或者了解别人的思想,必须有共同语这个统一标准的交际工具。本章要介绍的,就是有关普通话和方言的基本知识。

一　语言是个什么东西

学习现代汉语,首先要解决什么是语言这个最基本的问题。

你会说,这个问题还用问吗?我们天天要说话,天天都在使用语言,谁不知道语言是什么东西呢?

那么语言到底是什么东西呢?

你会说,语言就是……就是你我说的话呀!你说话,我听见了,我说话,你听见了,这就是语言!

语言就是你我说的话,这个回答对不对?

我们说,这个回答注意到了语言在日常生活、工作中的运用问题,注意到了语言与人的千丝万缕的联系。这个回答有一定道理,但是不完全准确。因为它回答的是一般人对语言的感觉和感性认识,并没有从根本上回答到底什么是语言这个关键问题。

对于语言这个概念的理性认识,要从社会功能和内部结构这两个不同的角度来观察认识:

从社会功能看,语言是人类最重要的交际工具,同时也是思维的工具。

人类是高度社会化的动物,在社会生活中需要相互沟通协调,相互之间就需要交际联系,交流思想。要快速准确地表达自己的思路,理解别人的思想,就需要有一种工具作为载体。人类在劳动过程中创造了语言作为表达和接受思想的工具,它是社会成员相互联系的桥梁和纽带,没有语言,人与人之间就无法沟通,人类社会就如同一盘散沙,社会就会崩溃,不复存在。

语言同时也是人类进行思维的工具,是思维存在的物质形式。思维不可能离开语言而独立存在。人类的语言多种多样,但人类的思维形式肯定要同某一种具体的语言形式联系起来。这是因为,思维离不开具体的概念,并且要在概念的基础上进行判断、推理,进行综合分析,这些就需要运用与概念相联系的词语,进而运用句子。所以,思维活动离不开语言,思维活动成果的传递和表达同样也离不开语言。哪里有思维活动,哪里就有语言的活动。正因为语言是思维的工具,我们才能借助语言回忆过去,畅想未来。

因此，语言作为人类特有的交际和思维工具，从本质上说，它是社会的，具有社会性。一个社会是一定的经济基础和上层建筑构成的整体。语言就是一定社会的产物，是社会特有的一种现象，社会以外无所谓语言，也没有语言。语言是在劳动过程中因为交际的需要而产生的，是与人类社会、人的抽象思维同时产生的。语言的发展受社会制约，语言随着社会的产生而产生，随着社会的发展而发展，随着社会的死亡而死亡。总之，语言的一切自始至终都与人类社会紧密地联系在一起，社会的任何风吹草动，都会给语言带来影响，都会在语言中反映出来。社会功能属性可以说是语言的本质特性。

语言的社会性表现在以下几个方面：

第一，不同的民族有不同的语言。在许多情况下，语言往往是一个民族区别于另一个民族的重要标志。不同语言的不同的音义关系，是不同民族选择不同的语音形式表现某种意义的结果，它只能从社会性角度才能得以圆满解释，不然，我们没法回答世界上为什么会有各种各样的语言这样一个简单的问题。但是无论是哪一种语言，都是一个国家或一个民族成员集体创造的，社会全体成员共同遵守其使用规范，进行交际。

第二，同一个民族的语言，具有不同的地方色彩，这也只能从语言的社会性角度来解释。现代汉语中的湘方言、粤方言、闽方言、吴方言等的不同特点，尤其是语音的差别，不能从地域的差别来加以解释，只能从社会角度加以解释。

第三，语言随社会的变化而变化，随社会的发展而发展，如果一个事物没有社会性，就不会对社会的变化发展这样敏感。现代社会产生了电视、电影、电脑、光盘这些事物，语言中才相应地增加"电视""电影""电脑""光盘"这些新词，使得语言变得丰富，适应社会的需要。而自然界的事物如山峦、河流、植物等,不会受到社会发展的影响。

第四,语言并不是人本能的反应,尽管人具有语言能力,但不经过学习就不能掌握语言。人类语言的习得与社会密切相关,为什么一个在美国长大的中国人能熟练地说英语,一个在中国长大的非洲孩子能熟练地说汉语呢?这都是社会环境造成的。而自然界的动物掌握的所谓语言是先天遗传的,不是后天习得的,离开群体,它们依然具有这种本领,因为它们的声音是一成不变的。

从构成特点看,语言是一套音义相结合的符号系统。

所谓符号,就是指代某种事物的标记、记号。语言符号是由一个社会的全体成员共同约定的、用来表示某种意义的标记和记号。现实生活中,用一个事物做另一个事物意义的标记的情况比比皆是。比如街上的汽车,开着开着突然停了,因为遇见了红灯,而红灯是社会成员约定表示停止前进意义的记号;一会儿绿灯亮了,汽车又继续往前开,因为绿灯是大家共同约定表示可以通行这一意义的标记。古代人打仗,击鼓表示进攻,鸣金(敲锣)表示收兵;敌人来了,在烽火台上放火发出信号。现代军营还用号声表示起床、休息等意义,交通警察用手势还可以表示各种意义。

可见,符号是用作传递信息的,符号本身是一种代替的关系,用一定的可以感知的东西代替另一种东西或一定的思想。上面我们所举的各种符号,它们的共同作用是代替现实现象,是现实现象的替代品。这些符号,有的是视觉可以感受到的,是视觉符号,如灯光、火光;有的是听觉可以感受到的,是听觉符号,如锣声、鼓声、号声。

从这里我们可以看出,任何一种符号,其构成必须具备三个条件:一是具有外在的形式,二是代表一定的意义,三是社会成员认可接受。具有外在形式,例如声音、色彩、线条等,这样才能够让人感知符号的存在。代表一定的意义,人们用来作为现实事物、思想的替代品,这样的符号才有存在价值。社会成员认可接受,约定俗成,这样的符号才能传播开,在全社会得到使用。教师在学生作业本上打一个"√"表示正确,打一个"×"表示错误,这里的"√""×"就是符号。学生随意在教科书画上"√""×",只代表某种心情,不是符号。教师使用的"√""×",具备符号的三个构成要件,是真正意义上的符号;学生随意画的"√""×",不是符号。

为什么语言能够代替现实现象,作为交际工具进行交际沟通呢?这是因为语言就是这样一种可以代表现实意义的符号系统。一种语言采用什么样的声音形式、代表什么样的意义内容,是由社会成员约定俗成的,所以符号的音义联系具有社会性,这可以说是语言符号的本质。语言符号的音义一经结合,就得到社会全体成员的认可和接受,用来代替现实现象或观念。例如当我们要向别人表达"书"这个意义,我们不必真的拿出一本书来比画,我们要向别人表达"苹果"这个意义,我们也不必去采摘一个苹果来表达,我们要说"山峰"这样的意义,更不必指着一座山峰来说明。语言的奇妙之处就在于,它完全把现实事物变成了一个一个的符号,使之成为现实事物的替代品。语言符号来源于社会现实,社会成员根据现实的客观存在选择一定的语音形式记录这个现实,又运用符号来表达现实,还原现实。语言符号的形式和表达现实的关系示例如表1-1:

现实事物	构成符号	表达现实
☎	电话(diànhuà)	谁打电话
🖱	鼠标(shǔbiāo)	我买鼠标
✂	剪刀(jiǎndāo)	谁有剪刀
✉	信封(xìnfēng)	我要信封
💻	电脑(diànnǎo)	他用电脑
📖	小说(xiǎoshuō)	我看小说

表1-1

语言虽然也是一种符号,但是和一般符号有很多区别:第一,语言符号是声音和意义的结合体,是说的和听的。语言符号的形式选择的是声音,即语音,而不是色彩、线条等形式。第二,一般符号的构成比较简单,而语言符号却是非常复杂的,可分不同的层级。语言符号可以说是人类创造的最为复杂的符号体系,符号单位最多,可以分为音位层和符号层,每一层次都有相当数量的符号单位。第三,一般符号由于构造简单,因而只能表达有限的内容,而且这种内容是简单而固定的,如红绿灯。语言符号则可以表达丰富多彩的意义,人类任何复杂的思想,以及思想感情的微妙之处,都可以通过语言表达出来,比如汉语中可以用"死亡""逝世""殉职""就义""牺牲""闭眼""停止呼吸""心脏停止了跳动""驾崩""坐化""驾鹤西归""完蛋""蹬腿"表示不同身份的人的死亡。第四,语言符号具有以少驭多的生成机制,具有生成新的结构的能力,具有生成性和开放性,可以表达无穷无尽的意义内容,可以由较少的单位组合成较多以致无穷的单位,掌握一个句型可以类推造出无数的句子,这也是我们能够学习掌握一门语言的原因。以少驭多可以说是语言符号的核心。例如,掌握"我们阅读报纸",

可以类推出一系列句子:

  小王阅读小说
  老张阅读杂志
  厂长阅读文件
  学生阅读课文
  ……

  从前面功能和构成两个方面的简单分析可以看到,人类语言多种多样,无论它们本身具有多么大的不同,但是仍然具有很多共同的特点。总体来说,语言具有如下几个方面的特点:符号性和工具性特点,任意性和强制性特点,多样性与统一性特点,变化性与稳定性特点。语言的这几个特点,实际上是相互关联、相互制约的,其本质是它的社会性。

  为什么人类会具有多种多样的语言?
  为什么同一事物在不同的语言中有不同的语音形式?
  为什么相同的语音形式在不同的语言中代表不同的意义?
  为什么会产生方言?
  为什么同一种语言还有方言和共同语的分别?
  为什么要对语言进行规范?
  为什么要推行共同语?

  …………

  认识了语言的特点,这些平时躲藏在我们脑海中的疑难问题都会找到正确答案。

  前面认识了语言这个概念的内涵,我们就可以回答最初提出的问题了:语言是个什么东西?

  语言是人类最重要的交际工具和思维工具,是社会成员共同约定创造的音义结合的符号系统,是人类社会特有的现象,是高度社会化的产物。

至于说话,它是一种行为,是对语言这个交际工具的运用行为,不是语言本身。任何一个人,运用语言可能会有两种方式:要么是通过声音形式,通过说话的方式口头表达出来;要么是通过文字形式,运用书面语形式表达出来。所以,口语和书面语都是语言存在的具体形式,语言就存在于口头说话和书面表达之中,通过口语或书面语体现出来。

二 共同语

前面说到,语言完全是社会的产物,甚至个人也会对语言造成某些影响,例如曹雪芹写了《红楼梦》,里面有个林妹妹,这个文学形象得到了大众的认可,从此"林妹妹"就成了弱不禁风的代言词。你居住的地方比较特殊,有很多物产什么的,气候也不一样,于是就会在当地语言中出现不同的词语,例如南方的"菠萝""榴梿",北方的"马哈鱼""山楂"之类。就是同一个事物,不同地方也有不同的叫法,例如"土豆"又叫"马铃薯""山药蛋","玉米"又叫"苞谷""棒子""珍珠米","卷心菜"又叫"圆白菜""莲花白",等等,真是奇怪得很!由于职业的分工,也会形成一些特殊的词语,例如军事中的"战争""战役",体育中的"扣篮""攻防"等。社会交往需要语言,语言无时无刻不受社会的影响。语言的产生、发展变化甚至消亡,都与社会发展密切相关,每个人都会对语言的发展变化产生一些影响。这样一来,一种语言在不同地方的个性化太突出,那么大范围使用就可能会有障碍,就需要有一种共同语来进行沟通。

所谓共同语,是在一种方言基础上建立起来的一个民族或一个国家通用的语言,共同语是社会打破地域隔阂、走向统一时出现的,是一种语言的高级形式,有着共同遵循的标准和规范。

社会的分化会导致语言的分化,社会的统一也会促使语言的统一。语言和社会发展的关系,主要表现在社会的发展是语言发展变化的基本条件和强大动力,是语言发展的外部原因。语言作为一种社会现象,其发展变化必然要受到社会发展变化的影响。语言随着人类社会的产生而产生,同样也随着人类社会的发展而发展。作为人类最重要的交际工具和思维工具,作为社会成员之间相互联系的桥梁和纽带,语言必须适应因社会发展而产生的新的交际需要,与社会的发展保持一致。由于社会生产力的发展,生产关系的改变,人类思维能力的不断提高,以及社会生活各个方面的变化,新事物、新概念层出不穷,人们的思维也越来越细致缜密,社会的这些变化,都会向交际提出新的要求,而作为大众交际工具的语言,必然要反映这些变化,不断地丰富词汇,改进语法,才能适应交际的需要。而在一个高度统一的社会,语言的分歧显然无法与之相适应,必然也会走向统一,建立起人人遵循的标准与规范,这样才便于使用。

人类社会是不断发展变化着的,原来一个地方割据的、不很统一的社会可以完全统一起来,原来几个独立的社会也可以统一为一个社会。当社会发生分化,语言也会发生分化,当社会高度统一,语言也会相应统一。在一个统一的社会,原来的地域方言或语言间的分歧就会妨碍人们在全社会范围内进行交际,这种状况不利于社会的完全统一和统一的巩固,不利于经济文化建设,于是语言也会适应社会统一的要求而逐步向减少分歧、趋向一致的方向发展,于是就出现了共同语。大家可以想象一下,在今天,一个广东人说粤方言,一个福建人说闽方言,彼此完全听不懂对方说的话,如何交流?不仅不同方言区的人彼此难以沟通,即使是同一方言,比如同是闽方言的龙岩人和福清人,二者使用各自的方言交流,彼此也难以听懂。这就需要共同语作为交际的中介语。所以共同语是一个国家或民族发展到一定阶段的必然产物,是顺应社会需求而出现的。

我们知道,共同语的形成和社会的统一分不开。在方言分歧的社会里,各方言区的人们为了相互能够进行交际,往往选择一种方言作为"通用语",作为各方言区之间的交际工具,如我国古代的"雅言""通语"以及后来的"官话"等,都是这种通用语,但那个时候,通用语只起到沟通交际的作用,由于各地域的人们经济联系还不紧密,还不可能形成统一的汉民族共同语。随着近代资产阶级民族民主革命的发展,语言统一的要求也随之发展,特别是五四运动时期开展的国语运动和白话文运动,促成了汉语书面语和口语的统一,中华人民共和国成立以后,国家空前的统一和经济文化的发展,使得语言统一的要求更加迫切,在此基础上最终促成了现代汉民族共同语的形成。可见,建立共同语是一个统一的国家、统一的民族发展的必然要求。

共同语作为一种语言的高级形式,具有特殊的地位,往往是一个国家或民族的通用语言,在方言的基础上形成,但是又反过来影响方言,向方言渗透。因此共同语具有引导方言发展,吸引方言向自己靠拢,以至最后取代方言的作用。共同语作为不同方言区人们交际的共同语言,具有消除方言之间的隔阂,沟通交际的作用。推广民族共同语,是为了消除方言之间的隔阂,而不是为了禁止和消灭方言。方言是不能用人为的力量消灭的,它只能随着社会经济、政治、文化的发展而逐步缩小自己的作用。由于方言是地域文化的载体,在一定地域内具有较大的影响,因此方言和共同语还将在较长时期内共存,但随着社会政治经济文化的发展和共同语的影响进一步增强,方言的影响会逐步减弱,其使用范围会逐步缩小。

普通话就是这样一种共同语。

三　人人都说普通话

(一)什么是普通话

普通话是以北京语音为标准音,以北方话为基础方言,以典范的现代白话文著作为语法规范的现代中华民族的通用语言。

1982年修改后的《中华人民共和国宪法》规定:"国家推广全国通用的普通话。"2000年10月31日由全国人民代表大会审议通过并于2001年1月1日正式实施的《中华人民共和国国家通用语言文字法》第二条指出:"本法所称的国家通用语言文字是普通话和规范汉字。"第三条指出:"国家推广普通话,推行规范汉字。"我国颁行的语言文字法,以法律形式明确了普通话的地位,它是国家通用语言,而不仅仅是现代汉民族共同语。

现代汉民族共同语的形成是个历史过程,20世纪五四运动前后开展的国语运动、白话文运动,促进了口语和书面语的融合,进一步加速了汉民族共同语的发展,而中华人民共和国成立后国家的空前统一和经济文化的空前发展,最终促成了现代汉民族共同语的形成。历史上在北方方言基础上产生的共同语,名称几经更迭,先秦时期称之为"雅言",汉以后称之为"通语",在明清时代被称为"官话",因为当时北方话是我国官吏阶层经常使用的语言,至今仍然有人称北方方言为官话方言。清末,一方面国家意识抬头,一方面民主主义思想觉醒,这个时候再用"官话"这一名称就显得很不合时宜,于是在邻国日本推行国语的影响下,中国亦把"官话"改称"国语",这一称呼在民国时期一直使用,我国台湾地区沿袭这一旧称,至今仍然把汉民族共同语叫作国语。

中华人民共和国成立以后,我国强调各民族语言平等发展,因而不用"国语"这一称呼,避免以汉语强加于少数民族语言的误会;再则,新加坡等也采用汉语普通话作为官方语言,如果叫"国语",显然也不合适;同时,"国语"这一名称是通称,每个国家都有自己的国语,以通名作为专名也不合适。于是便将过去的"国语"改名为"普通话"。普通话中的"普通",是普遍、共通的意思,字面上通俗易懂,具有亲和力,易于推行接受。当然,这个问题目前在学术界还有不同的看法,有的学者认为还是恢复叫国语比较好,理由是:这个名称具有严密性和科学性,与历史上的"雅言""通语"一贯,具有逻辑性,有助于国家的统一,有助于引导方言向普通话靠拢。

其实一个名称不可能产生那样大的威力,国语也好,普通话也好,其内涵是一样的,不会有什么本质上的差别。普通话这一称呼在大陆已经使用近五十年,人民大众已经普遍接受,再改回去也就没有必要了。实际上"普通话"一词,早就出现了。1906年朱文熊在日本出版的《江苏新字母》一书就提到了"普通话"这一名称,后来学者也多有提及,只不过没有造成什么影响,也没有严格的科学定义,所以1949年前它一直没有成为一个专门的学术用语。

作为一个专门的学术名词,"普通话"一词是在1955年10月全国文字改革会议和现代汉语规范化学术会议上被确定用来指称现代汉民族共同语的。在那次文字改革会议上,教育部部长张若奚作了《大力推广以北京语音为标准的普通话》的报告,在报告中从语音、语汇、语法三个方面首次提出了普通话的定义,即以北京语音为标准音,以北方话为基础方言,以典范的现代白话文著作为语法规范。现代汉语规范化学术会议确定以普通话指称现代汉民族共同语,同时还赋予了严格的内涵。1956年2月6日,国务院《关于推广普通话的指示》中确定了这一定义:"汉语统一的基础已经存在了,这就是以北京语音为标准音、以北方话为基础方言,以典范的现代白话文著作为语法规范的普通话。"

《国家通用语言文字法》颁行实施,普通话的地位得到了进一步提升,从过去的现代汉民族共同语提升为国家通用语言,这对于普通话的推广具有十分重要的促进作用。首先,以法的形式明确提出普通话是国家通用语言,普通话的进一步推行就有了法律依据。其次,把普通话由过去的指现代汉民族共同语确立为指国家通用语言,提升了普通话的地位,扩展了普通话的使用范围,更有利于普通话推广工作的开展。在《国家通用语言文字法》公布实施以前,提到普通话主要定位于现代汉民族共同语,但《中华人民共和国通用语言文字法》已经于2001年正式实施,该法第二条明确提出国家通用语言是普通话,因此,在各个场合明确普通话是国家通用语言,这样表述更为恰当,更加符合实际情况,更加符合国家的语文政策。经过五十多年的推行,普通话在全国已经深入人心,畅通无阻了。

本书编写前言开宗明义,说明本书讲授的现代汉语实际上是当代汉语,从国家语言政策角度看,是有其依据的,因为1949年后,国家主管部门连续出台法律法规文件,从名称、内涵、标准、推广方面对现代汉民族共同语作出了界定,确立了现代汉语普通话的特殊地位,明确了语音、语汇、语法规范标准,而国语运动只是笼统提出了民族共同语的语音标准是北京音,对于语言的另外两个要素语汇、语法没有涉及。

普通话作为国家通用语言,是有比较严格的规范标准的。实际上,普通话的定义已经从语音、语汇、语法三个方面阐明了普通话的标准:语音标准是北京音,语汇标准是以北方话语汇为基础,语法标准是典范的现代白话文著作,这也是现代汉语规范化的具体内容。

普通话的地位那么重要,在日常生活、学习、工作中影响那么大,我们就不能不多啰唆几句,具体谈谈普通话的有关标准了。

(二)认识一下普通话的语音标准

1. 共同语要以城市语音作为标准音

一种共同语的语音标准必须以某个城市的语音作为标准,这在古今中外都是如此,没有例外。这可以从以下几个方面来认识:

一、共同语必须以城市语音作为语音标准。共同语以某种方言作为基础,但是不能以这种基础方言的语音作为基础,因为一种方言的语音实际上是有比较大的分歧的,隔座山、隔条河,语音可能就不一样。如北方话包括好几个次方言区,就华北而言,河南话、河北话、天津话、东北话、山西话的语音都不尽相同,因此不可能泛泛地以某种方言的语音作为语音标准,那样就等于没有标准。读音统一会为国音拟定的没有标准的标准音走向失败就是一个历史教训。因此语音标准必须确定在一个相对狭小、集中的范围,而不是一个很广阔的范围,这样才真正有标准可言。这样的标准当然是选择一个城市的语音作为标准最为合适。至于选择哪个城市的语音,那就需要考虑这个城市本身的影响。

二、城市往往是一个地区的政治、经济、文化等各个方面的中心,是这一区域的代表,影响最大,当然最适合作为语音标准。我国汉语七大方言都是以该方言区的某个城市作为代表,就是这个道理。因为城市可以带动农村,带动有关地域的发展。教育部和国家语言文字工作委员会 2001 年关于开展城市语言文字工作评估的通知就明确指出:"城市是一个地区经济、政治和文化的中心,通过评估推动城市语言文字工作先行,对于提高周边地区的语言文字规范化水平也具有重要带动和辐射作用。"时任教育部副部长的袁贵仁在北京市语言文字工作评估汇报会上的讲话也指出:"提高城市的语言文字规范化水平,是提高市民文化素质,树立城市文明形象,扩大开放,增进交流,推进城市的建设和发展的需要。城市是一个地区经济、政治、文化中心,经济、科技、文化发展水平相对较高,做好城市的语言文字规范化工作,对其周边的乡镇和农村将起到良好的示范和带动作用。十六大提出了加快城镇化进程、提高城镇化水平的发展目标,城市在实现工业化、推进信息化进程中的作用将日益突出。"

三、相对稳定的语音才能作为标准推行和遵循。城市的语音,由于受书面语的影响比较大一些,相对比较稳定,这种相对稳定的语音适合作为共同语的语音标准。

2. 普通话以北京语音为标准音

第一,在北方话区域诸城市中,北京的政治、经济、文化影响最大。北京是我国的八大古都之一,但在这八大古都中,又以北京对我国的影响最大,因为其他几个古都,影响主要在宋代以前,而自金朝起(金朝在北京建中都城起)至今,金、元、明、清各朝均在北京建都;中华人民共和国成立也确立北京作为首都,因此八百多年来,北京在全国的政治、经济、文化中心的地位不断被强化,而且这种影响一直没有间断过,一直在加强,以北京话为代表的北方话,在全国产生了很大的影响。北京的特殊地位,是其他城市所不能比的,以北京语音作为普通话的语音标准可以说是历史发展的必然结局。

第二,普通话语音以北京语音作为标准音,这里的北京语音是指北京音系而言,即北京话的声母、韵母、声调系统。而对于北京话中的一些土音,普通话并没有全盘吸收。比如北京话中的儿化音非常突出,有些地方还分尖团音,许多人发音不到位,舌头如打滚一般,令许多外地人听不懂。据报道,全国普通话大赛举行了好几届,结果北京选手名次往往靠在倒数的位置上。所以北京话不等于普通话。

这里所说的北京音,主要是指北京市区而言,北京郊区的语音,仍然是有差别的,比如北京郊区平谷人说"墙上挂着枪",听起来却是"枪上挂着墙"。在普通话的三个标准中,语音标准是最为严格而明确的,其中一些异读词还多次进行了审定,而语汇标准和语法标准就比较宽泛、笼统一些。

(三)北方话是普通话的基础方言

以北方话作为基础方言,这是就普通话的语汇标准而言的。

首先,民族共同语不是凭空建立的,必须以某一个方言作为基础。从语言发展史看,任何一种语言的共同语,都不是凭空产生、人为创造的,而是在一种方言的基础上建立并发展起来的。作为民族共同语基础的方言就是基础方言。以何种方言作为基础,则要由社会历史发展来决定,要看这种方言在这种语言系统诸方言中的地位、影响而定。一种方言,如果在政治、经济、文化等方面的影响比其他方言占优势,就有可能发展成为基础方言。

其次,北方话作为民族共同语基础方言具有突出的优势条件。

北方方言在政治、经济方面的影响很大。北方话区域,是汉民族兴起、发展之地,我国南方诸方言区域,则是中原汉人在不同时期南迁开发的区域,北方中原一带,历来就是我国政治和经济文化中心。尤其是自1153年金朝迁都北京以来的八百多年,北京一直是我国各朝的首都,这就使得北方话影响逐渐扩大,地位更显重要。伴随着强大的政治和经济力量,以北京话为代表的北方话作为各级官府的交际通用语言传播到全国各地,北方话逐渐成为沟通各个方言的交际语言。

北方话具有雄厚的文化基础。北方话在文化方面的影响也非常突出,我国现在使用的书面语——白话,就是唐宋时期在北方口语基础上形成的。由于这种白话的语汇系统和语法系统与北方口语非常接近,通俗易懂,不像传统的书面语文言那样晦涩难懂,脱离语言现实,因此白话自产生以来,发展很快,影响越来越大。明代以来,我国文学史上著名的小说,基本上都是用白话写成的,例如四大名著《水浒传》《西游记》《三国演义》《红楼梦》。这些具有很高艺术价值的文学作品流传到全国,扩大了北方话在全国的影响,在客观上促进了北方话在全国的传播,为汉民族共同语书面语的建立打下了基础。北方话文学名著对全国的影响,实际上是这些名著后面的政治、经济和文化实力的综合体现。如果没有这样的综合实力,北方话文学巨著既不可能产生,也不可能推向全国,纵观中国历史文化的发展,我们不难发现这样的事实。

北方话具有广泛的群众基础。使用北方话的人口比其他方言人口要多得多,按我国现有人口计算,属于北方话区域的人口至少在8亿以上,约占整个汉民族人口的70%。北方不少少数民族,由于长期同汉族杂居,受汉族文化的影响,语言与汉语发生了融合,也说北方话,比如满族、回族等,这样说北方话的人就更多了。

因此,同其他方言比较,北方话更具有交际上的共通性。

北方话通行地域广阔。北方话所属地域非常广阔,几乎遍及全国。北方话通行的区域为:长江以北各省全部汉族地区,长江下游镇江以上、九江以下沿江地带,湖北省除东南角以外的全部地区,广西壮族自治区北部和湖南省西北角地区,云南、贵州、四川、重庆四省市少数民族区域以外的全部汉族地区。从东北的哈尔滨到西南的昆明,直线距离约3200公里,从西北的酒泉到东南的南京,直线距离约2000公里,这样大范围的区域,几百万平方公里,人们通话基本上没有什么困难,北方话这种高度的一致性就是在世界范围内也很难找到第二个。在现代汉语同行区域,北方话要占3/4的面积,其他六种方言只占1/4的面积,所以同其他方言比较,北方话更具辐射力、影响力。

北方话语汇系统具有一致性。北方话虽然覆盖20多个省、市、自治区,分为若干个次方言,语汇方面也有不少差别,但从总体看,北方话的语汇系统却有相当的一致性,比如双音节词占据优势地位,古语词保留比其他方言少等。这说明北方话语汇完全是随社会的发展而发生变化的。

第三,普通话以北方话作为基础方言,并不意味着就彻底排斥其他方言,普通话不排除其他方言中的有用成分。普通话语汇与方言语汇的关系是吸收运用,普通话语汇和方言语汇在基本语汇方面实际上是非常一致的,甚至是相通的。《国家通用语言文字法》第六条规定:"国家颁布国家通用语言文字的规范和标准,管理国家通用语言文字的社会应用,支持国家通用语言文字的教学和科学研究,促进国家通用语言文字的规范、丰富和发展。"从语言的发展历史看,任何语言都不是一成不变的,都会随着时代的变化而变化,消除一些旧的成分,吸收一些新的有用的成分,包括从外语、方言中吸收,语言的发展尤其以语汇的发展最为快捷迅速,这是社会发展的客观需要,也是社会物质精神生活各个方面不断丰富发展的客观反映。普通话在其发展过程中,将随时吸收各个方言中的有用成分充实、完善自己,因此普通话语汇系统比北方话语汇更加丰富,更加完善,更富有表现力。

(四) 普通话的语法标准

和语音、语汇相比,语法是非常抽象的,可以说是看不见、摸不着的,因此语法的规范在普通话的规范标准中最为笼统、概括,最为空泛。普通话的语法以典范的现代白话文著作的语法规范为标准,它包含四个方面的含义。

第一,语法是以"著作"也就是书面语作为标准的。为什么语法要以书面语而不是口语作为标准呢?这是因为:①书面语本身是在口语的基础上加工提炼出来的,是口语的高级形式,消除了口语中那些随意的不稳定的成分,严密精练,具有相对的规范性和示范性;②口头语言多是现场发挥,不允许花时间来推敲,字斟句酌,不能仔细加工,不容易提高;③口头语言是不稳定的,出口即逝,看不见、摸不着,不能传于异地、留于异时,不便于作为标准。

第二,语法规范的书面语是以白话文著作为标准的。这里的白话文就是指在口语基础上形成的、贴近口头语言的书面语言,这样就排除了文言文,也不包括那些文白夹杂的新文言,虽然文言文也是书面语,但不是白话文,不能作为语法标准。

第三,语法规范的书面语要以现代白话文著作作为标准。白话文著作很多,有古代的,有现代的,前者如《水浒传》《红楼梦》《西游记》等,属于近代汉语的旧白话文,同现代汉语语法已经有了一定的差距,因此不能用作语法标准。现代白话文著作是指五四新文化运动以后出现的白话文著作。

第四,不是所有的白话文著作都可以作为语法规范的标准,作为语法规范的书面语著作必须是典范的。"典范"可以作如下理解:

①具有广泛性,具有代表性,长期为人传诵,能够成为使用语言的楷模;

②它是以现代口语为基础写成的,使用的是现代汉民族的文学语言,吸收了人民群众的语言实践的精华,对现代汉语的健康发展具有引导作用;

③使用的语言精密、完整、正确,其中的一般用例是规范的、典范的。这里的一般用例不是著作中的全部用例,更不包括其中的特殊用例,因为即使是典范的著作,毕竟是个人的作品,是个人使用语言的反映,其中难免有不规范的词句。所谓典范,是就其著作的整体说的,不是就某一个具体的句子而言的;

④下面这些著作,可以作为典范的现代白话文著作:党和国家领导人的著作,党和国家的重要文献,鲁迅、郭沫若、茅盾、巴金、老舍、曹禺、莫言、池莉、余华的著作,等等,这些作品是属于时代的,属于人民大众的,这些现代白话文著作都是应用书面语的典范,是人民大众进行语言实践的典型代表,其丰富的书面语材料形成了普通话的语法规范。

以上四个标准,是综合起来考察的,尤其是对典范的著作的理解,不能失之偏颇,不能抓住一点不顾其余,主要是看其规范的主流,而不是看其局部的语言疵点,即使是新文化运动之初的一些新白话文,由于受长期使用的文言的影响,其中也夹杂了一些文言词语和文言句式,具有时代的烙印。

普通话语音、语汇、语法标准虽然各有其内涵,但是有一点是共同的,就是其标准的基础都是北方话。由上面的分析可见,普通话是在北方话和北京语音基础上提炼出来的规范语言,是一种标准语,是汉民族共同语的高级形式,它作为全国推广的通用语言,是当之无愧的。如果说历史上北方话曾经凭借其经济方面的优势走向了全国的话,那么现在北方经济发展的相对滞后也在一定程度上制约了普通话的推行。推广全国通用的普通话也是我国目前最基本的语文政策。

(五) 普通话水平测试

为便于推广普通话,测试普通话水平,国家语言文字工作委员会于1997年12月5日颁布了《普通话水平测试等级标准(试行)》,将普通话水平分为三级六等,具体内容要求如下:

一级甲等 朗读和自由交谈时,语音标准,语汇、语法正确无误,语调自然,表达流畅。测试总失分率在3%以内,测试得分在97分以上。

一级乙等 朗读和自由交谈时,语音标准,语汇、语法正确无误,语调自然,表达流畅。偶有字音、字调失误。测试总失分率在8%以内,测试得分在92—96.99分之间。

二级甲等 朗读和自由交谈时,声韵调发音基本标准,语调自然,表达流畅。少数难点音(平翘舌音、前后鼻尾音、边鼻音等)有时出现失误。语汇、语法极少有误。测试总失分率在13%以内,得分在87—91.99分之间。

二级乙等 朗读和自由交谈时,个别调子不准,声韵母发音有不到位现象。难点音较多(平翘舌音、前后鼻尾音、边鼻音、fu - hu、z - zh - j、送气不送气、i - ü 不分、保留浊塞音、浊塞擦音、丢介音、复韵母单音化等),失误较多。方言语调不明显,有使用方言词、方言语法的情况。测试总失分率在 20% 以内,得分在 80—86.99 分之间。

三级甲等　朗读和自由交谈时,声韵母发音失误较多,难点音超出常见范围,声调调值多不准。方言语调明显。语汇、语法有失误。测试总失分率在 30% 以内,得分在 70—79.99 分之间。

三级乙等　朗读和自由交谈时,声韵调发音失误多,方音特征突出。方言语调明显。语汇、语法失误较多。外地人听其谈话有听不懂的情况。测试总失分率在 40% 以内,得分在 60—69.99 分之间。

普通话水平测试试卷一般包括四项内容:一、读 100 个单音节字词,分值为 10 分,限时 3 分 30 秒;二、读多音节词语,含 100 个音节,分值为 20 分,限时 2 分 30 秒;三、朗读一篇 400 字短文,分值为 30 分,限时 4 分钟;四、命题说话,分值为 40 分,限时 3 分钟。

四　现代汉语的七个孩子

现代汉语的七个孩子,指的是现代汉语七大方言。一般说到现代汉语,主要是指普通话而言,本书也是如此。但是要全面认识现代汉语的面貌,还真要认识一下现代汉语的七个孩子,它们共同组成了现代汉语这个大家庭,并且共同为这个大家庭贡献着各自的智慧。

(一) 什么是方言

个人使用语言会对语言产生影响,不同地域的差异,也会对语言产生影响,形成独特的语言表达体系,这就是方言。方言就像是同一个父母生下的孩子,彼此既有独立性,又有某些相似性,互相都在似与不似之间,这是一种颇为有趣的语言现象。

方言是语言的变异形式,是一种语言的地域变体。一种语言和其方言之间的关系是一般和个别的关系。例如汉语,实际上是抽象的,抽象的汉语必然要通过北方话、吴方言、湘方言等具体的方言体现出来。语言存在于方言之中,方言是一种语言的具体表现形式。各种语言都有自己的方言,只不过这些方言差别有大有小,例如日本的东京话和京都话就有差别,德语有高地德语和低地德语的区分。英语如今在国际上一枝独秀,大有发展成为国际通用语的势头,但英语在与世界各地语言接触的过程中,也形成了很多变体,其中最典型,影响最大的要数"美国英语"。如今英语也有了美国英语和英国英语的差别,甚至还有人把它们分别叫作 American English 和 English。

方言差异形成的原因是多方面的。地理阻隔,交通不便,人口迁移,语言接触等,都是形成方言的重要原因。人群的迁徙带来语言的分化,例如客家方言、赣方言的形成,都与我国历史上因战乱而引起的人口大迁徙有着直接的密切关系,比如西晋末年的永嘉之乱、唐朝中叶的安史之乱、北宋末年的靖康之难,都引起北方人口大量南迁。语言的内部演变引起语言的分化,语言的外部接触造成不同语言系统的成分由此及彼、叠置并存的相对差异,我国东北地区,受满语影响,有些地名还留有这种痕迹,如吉林、哈尔滨、齐齐哈尔。地理上的屏障也是造成方言分歧的原因,高山大河的阻隔,影响人们的交际往来,影响语言的沟通,在这样相对封闭的环境中,语言就向不同的方向发展,逐渐产生差异,形成方言。

语言是社会的产物,时时刻刻都受到社会发展变化的影响,但是语言在不同地域的发展是不一样的,其发展具有不平衡性特点,方言就是语言发展不平衡性特点的直接反映。社会政治、经济、文化等发展不平衡,有先后快慢之分,往往对语言的发展产生影响,导致语言发展不平衡,即发展速度和发展方向都有可能不一样。同样的语言现象,有的地方发展,有的地方不发展,有的地方向另一个方向发展,其结果都是产生方言,产生方言和方言之间这样或那样的区别。

结合历史考察,纵观汉语各个方言的情况,我们会发现这样一个事实:凡是经济发达、社会开放、沟通便利的地区,由于交流多,与外界联系频繁,语言发展速度就要快一些;相反,凡是经济欠发达、社会相对封闭、沟通不方便的地区,由于交流少,与外界联系少,语言发展速度就要慢一些,保留古代汉语语言成分就要多一些。例如古代汉语音系中的塞音韵尾 –p、–t、–k,在最南端的粤方言、客家方言音系中至今仍完整保留;稍往北一些,闽方言中以厦门话为代表的闽南方言,仍然保留了这三个塞音韵尾;再往北,以福州话为代表的闽北方言,塞音韵尾则完全脱落,变成了喉塞音韵尾[ʔ],与闽北平行的赣方言,虽然保留有 –t、–k 塞韵尾,但闭塞程度较轻,二者还有混同趋势,而且都把这两个塞音韵尾念成近似于喉塞音[ʔ],属于塞韵尾与喉塞音韵尾的过渡阶段;在吴方言中,这一变化更加明显,塞音韵尾彻底消失,变成了喉塞音韵尾。塞音韵尾从南部到中部,再到北部,逐级脱落,在北方方言中也基本消失,这反映了汉语各个方言的发展速度和发展方向的确是有差异的,是语言发展不平衡性的典型反映。汉语方言中塞韵尾的这种不同变化,有人形象地把它比喻为三级火箭,逐级脱落。

如表1-2所示,现代汉语方言从北到南,发展变化速度由快到慢,越向南,保留古音特征越多,好像穿越回到了古代社会!这与历史上我国北方地区作为政治经济文化中心,社会发展变化速度快这个特点是相吻合的,各个方言也打下了历史文化的深深印记。

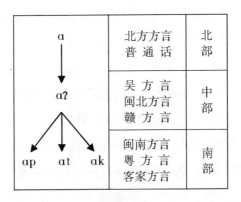

表 1-2

表1-2基本上代表了汉语从南到北地理分布的大致情况,也在一定程度上反映了汉语发展的历史轨迹。有关学者的研究成果表明:南部诸方言更多地保留了汉语中古音的某些特征,中部诸方言保留了汉语近代音的某些特征,到北部就完全是汉语现代音了。至于中部的湘方言,又体现出汉语发展的另一个方向,即保留古代汉语中塞音、塞擦音的清浊对立特点,这在老派湘方言中尤其明显,至于新派方言,浊音正在逐渐地清化,向北方话靠拢。汉语方言的地理分布与汉语历史发展的时空对应关系,如表1-3所示:

方　言	地　域	时　代
北方方言 普 通 话	北部	现代
吴方言 闽北方言 赣 方 言	中部	近代
闽南方言 粤 方 言 客家方言	南部	中古

表 1-3

从表1-3可以看出,历史上汉语的整体发展趋势是由北向南扩散的,离北方发达地区越远,社会经济文化发展越落后,语言变化越小,保留古音特征就越多,以至于分化形成了不同的方言。

方言虽然是语言的变体,但是方言在一定条件下也可能演变为独立的语言。今天世界上很多的语言,其实最初都是某一种语言中的方言。汉语各个方言之间差别很大,西方的一些学者把现代汉语的方言看作不同的语言,但是现代汉语方言之间的语音系统具有对应转换关系,各个方言都有共同的书面语言,更为重要的是,现代汉语各个方言的使用者都属于一个统一的民族,因此,不能简单根据各个方言的差别大小来把汉语方言划分为不同的语言。汉语各个方言仍然是一种语言内部的地域变体,而不是独立的语言。

根据性质,方言可分地域方言和社会方言,地域方言是语言因地域方面的差别而形成的变体,是全民语言的不同地域上的分支,是语言发展不平衡性特点在地域上的反映。社会方言是同一地域的社会成员因为职业、阶层、年龄、性别、文化教养等方面的社会差异而形成的不同的社会变体。地域方言和社会方言都是属于同一种语言的变体,只不过前者更多地体现在地域环境中的差别,而后者更多是社会环境造成的差异。这种社会环境的差异常常表现在社会的分工方面,例如行业语就是比较典型的社会方言。地域方言和社会方言有一定的相同点,即都是语言分化的结果,是语言发展不平衡性的体现;都不具有全民性特点,或通行于某个阶层,或通行于某个地域;都要使用全民语言的材料构成。但是地域方言和社会方言也有很多不同点,二者的形成原因、使用对象、内部差异、发展方向都有所不同。地域方言和社会方言的这种异同与联系,我们可以用图1-1表示:

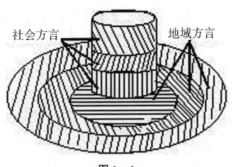

图 1-1

从图 1-1 我们可以发现,方言是平面铺开发展的,而社会方言则是在语言(或方言)基础上发展的,我们无法通过地理把社会方言划分出来,它的语音、语汇、语法都是建立在一定的语言(或方言)基础上的。一般所说的方言,主要是指地域方言,目前对地域方言的研究也最充分,社会方言研究还比较薄弱。我们这里主要介绍现代汉语地域方言的有关情况。

(二)方言的分区和划界

方言是语言发展在一定的社会历史时期的产物,不是与生俱来的,方言的分区和划界也属于历史范畴,具有一定的相对性。汉语方言的分区也是如此,不同的专家、学者,采用不同的观点来考察研究,就会得出不同的分区结论。从 20 世纪初叶现代汉语方言学建立至今,汉语方言分区被划分为 5 个到 11 个不等,至今没有统一的意见,虽然目前汉语方言分为 7 大方言区的意见得到普遍承认,但还是有不同的分区意见存在,而且随着方言的进一步发展和研究的深入,可能还会有不同的分区意见发表出来。

同样,方言的划界也是具有相对性的,我们可以在方言地图上看到现代汉语七大方言明确的边界线,犹如行政区划的省界、区界那样明确,而在现实中我们很难依据这样的方言地图找到方言之间的界线,因为这个方言与那个方言接壤,互相影响,甚至你中有我,我中有你,呈现出犬牙交错的状态,难分彼此。因此,现实中的方言界线是非常模糊的,只能是一个大致的界线。方言界线的两边在现实中呈现出多种多样的情况:一种是双方泾渭分明,这种情况常常与山川阻隔有相当大的关系;一种是己方单一,对方有己方的方言特征;一种是己方单一,对方有多种特征;一种是双方的特征互相都有。

现代汉语方言是在一定地域通行的语言变体,必定要表现在一定的地域内,因此对不同方言的命名,往往考虑了方言所处的地域的名称。现代汉语七大方言中,除了客家方言是按其来历命名的外,其他方言的名称都考虑了通行地域特点或主要通行区域的行政区划名称。但要注意方言与行政区划名称涉及的地域并不完全一致。例如粤方言并不就是广东话,因为广西也通行粤方言,同时广东省境内还有客家方言;闽方言也不等于福建话,因为我国海南省及台湾地区也通行闽方言。所以,同一个地域可以包括好几种不同的方言,同一种方言也可以分布在不同的地域。

现代汉语方言分区主要是依据语音标准。一方面,方言都是从古代汉语发展而来的,各个方言语音之间具有非常严整的对应规律;另一方面,语音研究也最为充分,而且各个方言之间的语音差别也最明显。依据语音划分方言主要考虑声母和韵母的一些因素:在声母方面,第一,有无浊声母和清声母的系统对立以及中古全浊声母的演变规律;第二,有几套塞擦音声母以及中古精、知、庄、章组声母和见组细音声母的演变规律。在韵母方面,第一,有无塞音韵尾以及中古入声韵的演变规律;第二,有几种鼻音韵尾以及中古阳声韵的演变规律。

(三)现代汉语的七个孩子

现代汉语的几种方言,彼此的语音、语汇、语法都有千丝万缕的联系,你中有我,我中有你,就像一个母亲的几个孩子。依据方言形成和发展的历史,目前一般公认的是把现代汉语方言划分为七大方言,这七大方言是:北方话、吴方言、湘方言、赣方言、闽方言、粤方言、客家方言,它们是现代汉语的七个孩子。这种分法为目前大多数现代汉语教材和方言研究论著所采用,本书也采用这种观点介绍现代汉语方言。

北方话 也叫北方方言,是现代汉语普通话的基础方言,以北京话作为代表,通行地域最广,使用人口最多。北方话内部一致性比较强,语法结构上差别较小,语汇方面的一致性也很强,语音方面的分歧也不是很大。在语音方面的主要特点是没有浊塞音、浊塞擦音声母,古代汉语中的这些浊音声母都变成了清音;辅音韵尾很少,只有舌尖前鼻音韵尾和舌尖后鼻音韵尾两个辅音韵尾;声调有阴平、阳平、上声、去声四个,入声消失。北方话可分为华北方言、西北方言、西南方言、江淮方言四个次方言。

吴方言 吴方言主要通行在江苏南部地区、上海市、浙江省、江西东北部、福建西北角和安徽南部地区,其代表是上海话和苏州话,使用人口约7000万。吴方言语音方面的突出特点是:有一整套浊塞音和浊塞擦音声母;没有舌尖后音声母;韵尾较少,普通话前鼻音韵尾一律读作后鼻音韵尾,普通话复韵母的韵尾脱落变成单元音韵母;有七至八个声调。

湘方言 湘方言主要分布在湖南省的大部分地区,以长沙话为代表,使用人口在3000万以上。主要语音特点是:部分地区有比较完整的浊塞音、浊塞擦音和浊擦音声母;声母 h、f 不分;声母

n 和 l 混用;入声调没有塞音尾。

赣方言 赣方言主要通行在江西省大部分地区和湖北省的东南角,以南昌话为代表,使用人口也在3000万以上。赣方言最大的特点是没有其他方言那样突出的特点。赣方言处于北方方言、吴方言、闽方言、客家方言、湘方言的四面包围之中,这种地理位置是汉语所有方言中最为独特的,正因为如此,赣方言受其他方言的影响很大,四面的界线非常不明显,与吴方言接近的地区像吴方言,与闽方言接壤的地区像闽方言,与客家方言接触的地区又像客家方言,等等,以至于有学者主张取消赣方言的独立,把它合并归属到周边不同的方言区。赣方言语音最突出的一个特点是古代的浊塞音和浊塞擦音声母全部变成了同一发音部位的送气清音,而不是像普通话那样平声送气、仄声不送气。

客家方言 客家方言以广东梅县话为代表,使用人口约3700万。客家方言主要通行于广东东部和北部地区、广西和江西南部、福建西部,以及湖南、四川、台湾省的部分地区,海外华侨有很多使用客家方言。主要语音特点是:古代浊塞音和浊塞擦音声母大部分变成同部位的送气清音声母,这一点与赣方言一致;舌尖后音声母读作舌尖前音;g、k、h 和 z、c、s 可以同齐齿呼韵母相拼;没有撮口呼韵母;声调有六个。

粤方言 粤方言主要通行于广东省珠三角地区、广西东南部地区和香港、澳门特区,以广州话为代表,也有主张以广州话和香港话为代表的,使用人口约4000万。海外很多华侨和华裔也使用粤方言。同时,粤方言地区是我国经济开放改革的前沿,是我国改革开放三十多年来取得成就最大的地区,每年吸引内地各省份数百万民工前往淘金,因此近年来粤方言的影响越来越大,在海内外都有很大影响,粤语中的方言词,近年也呈现出向北渗透的趋势,这里反映出语言扩张同经济发展的密切关系。粤方言的语音系统比较复杂,韵母多达 53 个,辅音韵尾非常丰富,除鼻音韵尾 m、n、ng 外,还有与之对应的入声塞韵尾 b、d、g,声调一般有八九个,是汉语诸方言中调类最多的方言。

闽方言 闽方言以福州话为代表,主要通行于福建省、海南省、台湾省以及广东潮汕地区和雷州半岛,使用人口约 5500 万。闽方言是汉语方言中内部分歧最大的一个方言,方言的分区研究历来在闽方言的处理上就有分歧,有的把闽方言分为闽南方言、闽北方言,有的还划分出闽东方言。现在一般把闽方言划分为五个方言片:闽南方言,以厦门话为代表;闽北方言,以建瓯话为代表;闽东方言,以福州话为代表;闽中方言,以永安话为代表;莆仙方言,以莆田话为代表。其中闽南方言的影响最大,福建省范围以外地区使用的闽方言,主要就是闽南方言。闽方言的语音中保留了汉语上古音的一些特点,例如没有唇齿擦音 f,普通话中凡是念 f 声母的字,闽方言则念 b 或 p 声母;普通话中念 zh 和 ch 声母的部分字,闽方言念 d 或 t。

现代汉语七大方言,就是汉语从古到今衍生出来的七个孩子,现代汉语实际上就存在于这七个孩子之中。这七个孩子,个头不一样,有大有小,有多有少。如果要搞一个排行榜,那么北方话当之无愧属于老大。如果把现代汉语通行地域和使用人口画一个圆来表示,那么北方话要占这个圆面积的 3/4,其余几种方言使用人口和通行地域合起来占 1/4,如图 1-2 所示:

现代汉语方言的分区划界,还有一种有趣的现象值得注意,那就是方言岛。方言岛指大方言区内零星分布的通行另一种方言的区域,即一种方言完全在另一种方言的包围之中,该方言区域就像汪洋大海中的一个孤岛。例如客家方言,主要分布在广东东部、福

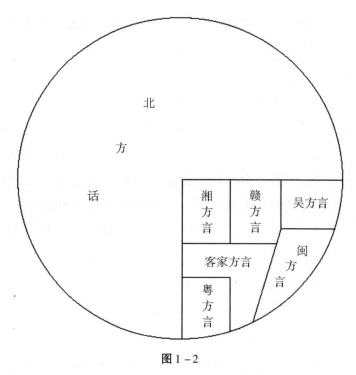

图 1-2

建西部、江西南部这一片地区,但是客家方言在其他地方有很多方言岛,例如台湾省属于闽方言区,其中有客家方言,四川省属于北方言区,其中零星分布着客家方言。方言岛现象,比较形象地说明了人口迁徙与方言产生的密切关系,虽然方言岛的成因是多方面的,但归结起来,根本上还是因为人口迁移的结果。比如,四川省境内的客家方言,就是历史上从湖南、两广迁移来的居民带来的。在四川民间一直流行着张献忠血洗四川的说法,四川因此人口锐减,于是当时的政府便从外省迁移了很多居民进入四川开发,这就是历史上有名的"湖广填四川"。于是在四川话中,便出现了很多客家方言的飞地——客家方言岛,如广安、达县、巴中地区都有客家方言存在,四面处于北方方言的次方言西南官话的包围之中。方言岛对于研究、对比语言的发展,对于历史文化的考察,对于人口的迁移研究等都具有非常重要的意义。

(四)方言的文化价值

汉语方言的多样性,构成了汉民族文化多样性的基础。我国流行于各个地方的戏曲、曲艺、民间歌曲、民间故事等,无一不是在当地方言基础上构成的,没有吴方言,就没有脍炙人口的越剧,没有粤方言,也不会有独树一帜的粤剧,其他如湘剧、赣剧、汉剧、锡剧、沪剧等,都与方言息息相关。很难想象,没有吴方言,会有越剧产生;没有粤方言,会有粤剧产生;没有河南话,会出现豫剧;没有陕西话,怎么去"吼秦腔"。所以,方言是滋养地域文化产生发展的根基。方言本身属于地域文化,而方言又是厚重的地域文化的载体,是地域文化生存的根基,与地域文化具有一种水乳交融的密切关系。可以毫不夸张地说,没有五花八门的方言存在,也就没有五光十色、五彩缤纷的地方文化,而这些多姿多彩的地域文化,融合了当地语言使用者的情感传统,又进一步巩固了方言的地位。

方言中的地名,与一定的地理、历史、语言、民族、经济、文化、风俗等都有非常密切的关系,往往具有唯一性和独特性。独特的地名可以反映当地的物产特征、地貌特征,还可以反映社会生活和人文历史,比如社会心态、社会文化、历史文化、认知特点、思维方式等。桂林、重庆、成都、思茅、公安、常熟、合肥、烟台、南宁、思茅等地名,无论是其结构,还是词义,可以说都充分反映了汉民族的审美情趣和丰富多彩的历史文化。宋代周密在其所著《齐东野语》卷二十中说:"方言俗语,皆有所据。"对此我国当代许多学者也有充分的认识,认为方言中的地名,"是文化的活化石,地名具有很强的理据性,地名是当地人乡土情感归属的象征性符号"。而研究方言中的地名,可以为研究方言语音和词义的演变提供线索,还可以作为方言分区划界的参考依据,比如我国考古学、历史学、社会学、民俗学等,都可以通过各地的地名或地名变迁找到有关历史发展的线索。可见,方言是人类共同的文化遗产,因而我们在学习普通话的同时,也要注意研究方言,保护方言。

从这个意义上看,方言作为一种文化现象,还会存在相当长的时间,或许会同共同语永远共存下去,随着普通话的进一步推广,方言在今后的作用和使用范围可能会受到一些限制,但不会被消灭,因为一种方言的消失,就意味着一种文化的消失,这种损失是巨大的。因此,推广普通话不能也不应和方言使用对立起来,我们应弄清楚二者的关系。同时,推广共同语并不那么容易,人们仍然乐意使用方言,这不能简单地用保守来评判,语言背后的巨大的文化影响、从小耳濡目染的亲近感、人际沟通上的亲和力才是人民乐于使用方言的最主要的原因;而推广共同语,必然会在一定程度上限制地域文化的发展,造成一定的影响,这也是客观事实。

从上面的介绍我们可以看到,各个方言都有自己的特点,是鲜活的,充满了生命力的。每种方言都有着上千年历史的积淀,有着深厚的文化根基,同时又是地域文化的符号标志。正是因为有着韵味独特的方言,才有我国戏曲艺术多姿多彩的南腔北调,正是因为有着丰富多彩的方言,才有蕴含着深厚历史文化的方言地名。可见,方言作为地方文化的集中反映,作为独特的语言样品,是汉语语言资源中不可或缺的部分,在未来相当长的时间里还有相当大的影响,还将继续存在下去,不可能完全被共同语替代。我们今天大力推广普通话,提倡讲普通话,其目的也在于推行全民共通的交际工具,消除方言隔阂造成的交际障碍,而不是用普通话取代方言,更不是要消灭方言。因此,从有利于交际沟通和保护文化这个角度看,普通话和方言应该是并存并用、长期共存的。但是也应看到，由于普通话的推广，客观上限制了方言的使用范围，方言受普通话的影响越来越大，有向普通话靠拢的趋势。不过方言既然是一种独特的地域文化的反映，我们在推行共同语的同时，也要注意方言的保护与研究，毕竟，方言也是中华民族共同的文化形态之一，是中国人民乃至全人类共同的文化遗产，是中华民族文化源远流长、长盛不衰的见证。

（五）方言和普通话的关系

普通话来自于方言，是在北方方言的基础上建立起来的，但普通话又要高于方言，对方言起示范作用，规范方言的发展方向；而方言则从属于普通话，向普通话集中、靠拢。因此，普通话是具有全民通用性和权威性的特殊方言。方言和共同语普通话的关系可以从以下几个方面来认识：

第一，共同语是在某一种方言的基础上建立并发展起来的。从语言发展史来看，任何民族共同语，都不会凭空产生，都是在某种方言的基础上产生并发展起来的，抛弃现成的语言基础而人为创造一种语言来作为共同语推广是行不通的。例如我国20世纪20年代确定的国音，以北京音为主，兼顾南北方音，将北方话音系和江浙方言的音糅合在一起，作为标准推行，结果在实践中遭到失败，就是一个很好的例证。因此共同语的建立离不开具体的方言基础。作为民族共同语基础的方言叫作基础方言，至于采用哪种方言作为基础方言，则要由社会历史发展来决定，要看这种方言在整个语言体系中的地位和影响。一般而言，一种方言，如果在政治、经济、文化等方面的影响大于其他方言，就有可能脱颖而出，发展成为民族共同语的基础方言。我国北方话就因为在政治、文化方面的影响巨大，加之通行地域广、使用人口多而成为现代汉民族共同语的基础方言。

　　第二，民族共同语并不等于基础方言。基础方言内部也有一些差异，这些差异在语音、词汇、语法系统方面都有所反映，并不一致，例如北方官话方言还包括江淮方言、西南方言、华北方言、西北方言等次方言，所以共同语往往要以一个比较小的地区——一般是一个影响大、有代表性的城市的语音作为语音标准，词汇上还要剔除方言中的生僻词语，吸收比较通行的词语形式，所以，共同语既在方言之上，又在方言之中。

　　第三，共同语以某一种方言作为基础方言，但并不排斥其他方言，在其发展过程中还要不停地从别的方言中吸收一些有用的成分来充实、丰富自己，使之变得更加完善，更加适应交际需要。方言中比较生动、富有表现力的词语，共同语中又没有与之相对应的词，就有可能吸收过来。因此，共同语比任何方言都要丰富、完善、发达得多。至于哪些方言词能进入共同语词汇系统，则要看这种方言的影响和这个词语本身的流通度。例如我国粤方言地区，最近几十年经济飞速发展，粤方言的影响越来越大，许多词语就逐渐向北方渗透，有的最后进入普通话系统。我们说普通话通过向方言渗透扩大自己的影响，方言凭借文化经济的力量也可以向共同语渗透，向共同语输送新鲜成分，这种相互渗透的结果是促进了语言的发展，促进了共同语与方言的交融，最后占上风的当然还是共同语。

　　第四，民族共同语确立以后，方言的进一步分化就要受到限制，方言的发展也要服从民族共同语的发展。作为地区性交际语言，方言的发展逐渐向共同语靠近，其作用将越来越小。而共同语作为经过规范的高度统一的标准语，对方言的发展具有示范作用，规定并引导着方言发展的方向。所以，虽然共同语是同其他方言并行的特殊方言,但它们的社会地位是不一样的,方言依附于共同语,从属于共同语,并向共同语集中和靠拢。比如我国经过推广普通话,汉民族共同语今天已经渗透到祖国的每一个角落,对方言的使用造成了很大的冲击。如果说,以前因为这样那样的原因还有方言独用的地区,那么在今天,普通话已经渗透和覆盖了所有方言区,使得方言区成为方言与普通话并用的双语区。尤其是在经济大潮中,不同方言区人口的流动,使得共同语普通话成为相互沟通的唯一选择,更是扩大了普通话的影响。

不过,推广普通话和保护方言不应该对立起来,但是现在从政策层面看很矛盾,只讲推广普通话,不讲方言的保护。虽然政策层面口口声声说推广普通话并不是要消灭方言,但是实际上方言的生存空间很狭窄,特别是现代传媒基本上抛弃了方言。

(六) 现代汉语方言的发展趋势

方言是一定地域的人共同使用的语言,也即一定地域的共同语。在我国历史上,由于长期的自给自足的自然经济形态,各个方言区都处于相对封闭的状态,受外界的影响较小,相对而言比较稳定。进入现代社会,尤其是当代,各个方言区已经由过去的相对封闭变得相对开放,特别是普通话的推广,对于方言的发展产生了更加直接的影响,普通话对方言的强大影响主要体现在扩大影响、逐步渗透、全面覆盖这样几个方面。

第一,扩大影响。

普通话对方言的强大影响首先体现在语文政策上,从20个世纪50年代以来,我国一直致力于普通话的推广,这是我国的一项基本的语文政策。普通话具有统一的书面语,也即文学语言,作为民族文化的载体,为各种传媒广泛使用,其标准具有示范性和广泛的影响。"大力提倡、重点推行、逐步普及"的推广普通话的工作方针,取得了积极的效果,使普通话深入人心。改革开放以后,在新的形势下,根据推广普通话工作发展的需要,这个方针进一步调整为"大力推行、积极普及、逐步提高"。目前推广普通话的工作重心已由当初的提倡和推行转移到普及和提高上来,普通话的大力推广已经初见成效,向更高层次推进,这对各地方言产生的影响将进一步扩大。在传播媒介上,普通话在当代已经成为一种公认的媒介语言,今天国内的报刊、广播、电视、网络等都以普通话为媒介语,大量挤占方言的生存空间,尤其是现代传媒网络、卫星电视,通过一次活动、一场晚会,一夜之间就可以把共同语的一个新词新语传送到祖国的各个角落,使得共同语普通话的影响在覆盖面上进一步扩大,共同语普通话的优势在心理上进一步强化,从而使得共同语普通话成为各个方言区自觉接受的一种语文规范,而方言的影响则日益缩小。尤其是如今的新词,基本上都是以普通话形式命名,流传全国,更是在语汇层面上扩大了普通话的影响,形成了一种自觉的共同语文化。

第二,逐步渗透。

所谓逐步渗透,就是随着普通话的大力推广,其语言成分直接进入方言,在方言区形成新派和老派不同的层次,而新派代表着新生的、年轻的力量,对老派产生很大影响,这是共同语对方言产生影响,使方言发展逐渐向共同语靠近的直接体现。方言区的新派首先体现在城镇或文化比较发达的区域,然后通过这些区域进一步扩散,对整个方言区产生影响。这种情况在今后方言发展过程中还将得到进一步强化。一方面,随着人民生活水平的提高和受教育程度的提高,普通话更加深入人心;另一方面,现代社会政治、经济、文化日益发达,人们已经突破了过去固守当地的意识,而且当前社会发展已经彻底突破了我国过去自给自足的自然经济模式,异地交往已经成为一种非常自然的生活,人们到各地工作、学习、参观、旅游,与方言区以外的人之间的交往越来越多,这也使得普通话的使用成为非常自然的一种现象,成为一种生活需要。普通话对方言的渗透更直接体现在新词新语方面,反映当代新事物、新观念的新词,基本上都是以普通话的语素和结构方式构成,直接进入各个方言区。

第三,全面覆盖。

全面覆盖,就是普通话进入方言区,与方言并存并用,形成双语区,二者在使用范围和使用场合上有所分工,但普通话有逐渐挤占方言原有使用领域的趋势。方言与共同语并存并用,形成一种双语现象,实现从单一语言生活向双语生活的过渡,只是这种双语现象的最后结局不像两种语言的融合那样,以共同语取代方言,而是共存,各有所用。人们在交际中可以根据交际对象的不同,选择使用方言或普通话来会话。这种全面覆盖形成的双语,虽然是并存并用的,实际上普通话处于绝对强势的地位。1986年的全国语言文字工作会议明确提出普通话要成为教学语言、工作语言、宣传语言、交际语言。显而易见,方言只能用于非正式场合,在当今以及未来的使用范围远不如普通话那样广。在主流媒体上,我们常常可以看到方言的影子,但是那多半是一种艺术形式的媒介,并非作为交际工具来展示,例如方言小品、方言电视剧等。

随着普通话的影响进一步扩大,普通话在各个地区确立了其权威地位,使得方言将逐步向普通话集中、靠拢。因为普通话是汉民族共同语,是国家推广的通用语言,具有规范化特点,具有全民通用性和权威性,又具有统一的书面语,作为标准语的普通话来自方言又高于方言,对方言起示范作用,规定方言的发展方向,必然对方言的发展产生重大影响,因此方言的发展则要从属于普通话的发展,逐渐向普通话集中、靠拢。

现代汉语方言在内外因素的强力影响下,出现了一些新的变化趋势:一方面,受共同语的影响越来越大,其发展服从于普通话的发展,呈现出向普通话集中、靠拢的趋势;另一方面,各个方言内部的差异正在日益缩小,由于经济文化条件的改善、交通的发展等对方言内部的趋同性都产生了很大影响,方言呈现出互相集中的趋势;再一方面,相邻方言有互相交融的趋势,例如湘方言中北片的新湘语,出现了向北方话靠拢的趋势,赣方言四面被闽方言、吴方言、北方话、湘方言、客家方言包围,其特点就不如其他方言那么突出,语音、语汇与普通话的差别都比较小。以上第一个方面,对方言的影响尤为突出。受普通话的影响,方言的自我演变趋缓或者停滞,向普通话发展方向转变。在这种发展趋势中,变化最为明显的是语汇。一方面大量反映新事物概念的词采用普通话新词,另一方面方言固有表达方式正在逐渐消失,转而采用普通话词语。例如河南话受其历史文化影响,表示"口袋"的词都使用"布袋",由此产生了"皮布袋""纸布袋""布布袋""塑料布袋"这样的叫法,但是现在这些名词都逐渐被普通话词语取代了。当然,方言的这种发展趋势是渐变的过程,非常缓慢,这个过程将是十分漫长的。

历史上,由于北方的多次战乱,引发了多次绵延数年的人口大迁徙,这些人口把北方话带到经济落后的南方,逐渐隔断了与母体的联系,保留了自己的一些特征,形成了方言。我国南方各个方言的产生,几乎都与数次大规模的人口迁徙有非常密切的关系。近几年我国人口的大流动,特别是上亿的民工,以历史上前所未有的规模流动,这些流动人口,把方言带到全国各地,又通过互相接触,与当地方言或别的民工群体方言交融,形成新的方言变体。这种变化,对整个社会文化、风俗习惯、思维心理会带来什么样的影响,会带来什么样的变化,值得关注与研究。

结束语

　　本章介绍了语言、共同语、普通话、方言等基本知识,对于普通话的有关阐释应该重点理解认识,而方言是既复杂又有趣的内容,可以在学习基本知识理论的同时,结合自身所处方言区的实际情况来观察认识,增强现实感,突出实践性,也增强学习的趣味性。本章还涉及语言学的一些基本理论,尤其是语言与符号、语言与社会的关系、语言的发展等,理解有一定难度,但是不要紧,学习这一章,可以挑选自己感兴趣的内容来看,然后结合后面几章的内容来学习,等有兴趣了再回过头来学习本章也不迟。

第二章　语言的形式
——语音

在和别人交往或者联系的时候,我们每个人免不了都要说话,要使用语言来彼此沟通。为什么我们说的话别人能听见?为什么别人说的话我们也能听见?你或者觉得奇怪,或者习以为常,没有去想过这样的问题。其实这都是语音的功劳,没有语音,我们非但听不见别人说话,人类的语言也根本就不会存在。那么语音是什么东西呢?它有哪些特点?如何学习普通话语音?这就是本章要告诉你的基本知识。

一　奇妙的语音

在日常生活中,虽然你把语言运用得相当熟练,可以在大庭广众面前滔滔不绝地发表演说,甚至运用书面语言写出精彩绝伦的作品,但是你可能很少或者根本没有去想过什么是语音这样一个简单的问题。

我们听别人讲话,首先通过我们的耳朵感受到的是什么?是语音。这些语音串都是按照一定的规律组合排列起来的,并且代表着一定的意义内容,我们的听觉感知到语音音波,通过我们的大脑对这些语音进行翻译,还原为我们理解的语句,于是就理解了别人说话的内容。别人听我们讲话,理解我们讲话的意思,也是这样一个过程。在这个过程中,语音起了至关重要的联系作用。

现在我们可以来回答什么是语音这个问题了。

语音是由人的发音器官发出来的声音,是代表一定意义的声音。同时,语音是语言的物质外壳,是语音得以存在的物质形式。也就是说,语音是语言的寄托,是语言存在的形式,是语言的外表。世界上的任何事物,都是由形式和内容这样两个方面构成的。内容是这个事物存在的依据,形式是这个事物的外在显示,表现这个事物。物质世界,千姿百态,每种事物都有自己的形式。树有树的姿态,草有草的面貌,花有花的色彩!通过这样多姿多彩的形式,我们才能感觉到事物的存在,才能把一个事物和另一个事物区别开来。

语音作为语言存在的形式,就是为了表现语言而存在的,没有语音形式,我们就无法感知语言的存在,语言也就不复存在了。没有语音,我们什么都听不见,我们说什么别人也听不见。而有了语音,我们的表达、沟通、交流就变得畅通无阻了,语音真是一个神妙的东西啊!

因为语音是代表一定意义的,不同的语音形式,哪怕差别很小,表达的意义都不相同。例如"上船",其中"船"的语音形式是chuán,有些方言中没有这个音,而念成chuáng,于是"上船"就变成了"上床"。所以我们平时说话,要注意正确使用语音,否则就不能正确表达我们的思想,引起别人的误解。因此,学习和研究语言,首先要认识了解有关语音的基本知识。

二　语音的特点

认识奇妙的语音,先要认识语音的基本特点。语音具有物理性质、生理性质和社会性质三种属性。

(一)语音的物理性质

自然界的各种声音是怎样形成的呢？是物体依靠外力产生振动。这个产生振动的物体就是发音体,发音体振动又使得物体周围的空气发生振动,形成了音波,通过空气媒介传到我们耳朵,刺激人的耳膜,引起听觉神经的反应,于是我们就感觉到了声音。音波我们是看不见的,但是我们可以用水波来比方,平静的水面没有任何动静,我们投进去一块石头,于是水面出现了一圈一圈的波纹,迅速向四周扩散开来,逐渐减弱,离中心越远,波纹越弱,逐渐消失。声音也是这样,距离远近不同,我们会感觉到声音大小不一。各种各样的声响,都是按照这样的原理产生并传递的。

人类语言的语音,其产生的原理同自然界的各种各样的音响一样,也是这样形成的。每种声音,都有长短、强弱、高低、品质,语音的物理特点,可以通过音高、音强、音长、音色四个要素来具体认识。

音高指声音的高低,由发音体振动的快慢决定。在相同的时间范围内,发音体振动次数越多,声音就越高,反之就越低。发音体振动的快慢与发音体本身的形状有着密切的关系:发音体越长、越厚,振动的频率越低,声音就越低;发音体越短、越薄,振动的频率越高,声音就越高。男子的声音比妇女和儿童的声音要低沉一些,就是因为男子的发音体声带要长一些、厚一些的缘故。汉语声调就是由音高的变化形成的,因此音高具有区别意义的作用。语音的音高不同于音乐的音高,它是相对音高,是一个人的发音体在特定频率范围内的音高,而音乐的音高是绝对音高,无论男女老幼,发音必须一致,这在合唱里面表现尤为明显。

音强指声音的强弱,由发音体振动幅度的大小决定。语音的强弱与发音时用力大小有关系。发音的时候,用力越大,声音就越强,用力越小,声音就越弱。在公共场所,声音嘈杂,我们要用力说话别人才能听见,声音就强一些。说悄悄话,不想让更多的人听见,就在听话人耳朵边耳语,用力很小,声音就弱。词语和语句中的轻重音就是由音强决定的。

音高和音强不是一回事。音高取决于物体振动频率,即在单位时间里振动的次数,在相同的时间内,一个音的振动频率是 100 次,一个音的振动频率是 60 次,那么振动 100 次的音就比振动 60 次的高。音强取决于音波振动的幅度,振幅越大,声音就越强,反之声音就越弱。例如音乐中的中音 5,如果高度保持不变,你唱得越用力,声音就越强,你唱得越轻,声音就越弱,但是它的音高无论轻重强弱,都还是 5 这个音。同样道理,音乐中的中音 1,无论你演唱轻重,它都是 1,不会变成 5,因为 1 和 5 的音高不同,发音时它们的振动频率不同,不会因为发音轻重而改变音高。

音长指声音的长短。语音的长短取决于发音时呼出气流延续的时间,延续的时间长,声音就长,延续的时间短,声音就短。

音色也叫音质,指声音的个性特色。声音的特色是由音波振动的形式决定的。发音体不同,发音方法不同,发音时共鸣器的形状不同,都能形成不同的音色。比如乐器,弦乐器和管乐器音色差异很大,那就是由发音体不同决定的。琵琶和二胡音色不同,是因为发音方法不同,琵琶是手指弹拨,二胡是使用弓与弦摩擦发声。语音中的音素 i 和 a 都是口腔发音,但是发 i 时,口腔开口度小,发

a时，口腔大开，开口度大，二者的共鸣器形状不同，发出了不同音色的声音。正是因为音色不同，我们才能分清张三和李四说话的区别，根据声音判断出谁在说话。

声纹学就是在研究语音物理属性基础上建立起来的，其成果已经在现实中得到了应用。由于人体结构的细微差异，所以每个人的音高频率不是绝对一样的，就像人的指纹一样具有独特性，别人无法模仿。通过一个人的音色，甚至可以判断出他的高矮、胖瘦、年龄、居住地域以至职业等。因此，如果一个人的声音频率被机器测定，那么机器就可以通过声纹比较，从数以百万计的人群中找出某一个特定的人的声音，这在刑事案件的侦破工作中具有非常重大的意义。

（二）语音的生理性质

语音是由人体发音器官发出来的，所以语音还具有生理性质，我们可以通过人体发音器官来具体认识。根据发音功能，人体发音器官可以分为动力部分、发声部分和调节部分。

动力部分主要由肺和气管等呼吸器官构成。肺是发音的动力站，气管是输送气流的通道。发音时，通过肺部的活动将气流经气管呼出，再经喉头、声带、口腔和鼻腔的调节，发出各种不同的声音。

发声部分指喉头以及内部的声带。喉头由几块可以活动的软骨构成，声带是发音体，由两片富有弹性的薄膜构成。发音时，喉头的软骨牵引声带，使声带或松或紧，或开或闭，从而发出高高低低的声音来。

调节部分主要指口腔和鼻腔，口腔和鼻腔是发音的共鸣器。口腔可以开合，舌头可以伸缩。口腔中的舌头非常灵活，是口腔中最为灵活的发音器官。舌头可以前伸后缩，可以平放或上翘，使共鸣器形状发生变化,气流得到不同的调节,于是就形成了不同的音素。比如,口腔微开并保持开口度不变,舌头自然平放,发出的音素是 i;如果舌头略微后缩,双唇拢圆,发出的音素则是 u;如果口腔大开,发出的音素就是 a。

人体发音器官构成情况图 2-1 所示:

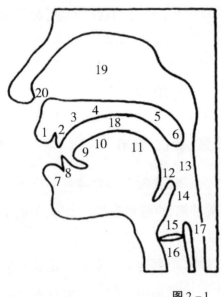

1.上唇　2.上齿
3.齿龈　4.硬腭
5.软腭　6.小舌
7.下唇　8.下齿
9.舌尖　10.舌面
11.舌根　12.咽头
13.咽壁　14.会厌
15.声带　16.气管
17.食道　18.口腔
19.鼻腔　20.鼻孔

图 2-1

语音的物理性质和生理性质,合称为语音的自然属性。

(三)语音的社会性质

语音和自然界的各种声音具有本质区别,因为语音是代表着特定意义的声音。语音代表什么样的意义,这是由社会决定的,因此语音具有社会性质,社会性质是语音的本质属性。

语音的社会属性可以从两个方面来认识:第一,语音具有民族特征,不同民族的语言具有不同的特点。比如同样的音素,普通话中的 b 和 p,具有不同的作用,音节 ba 表示"爸",pa 表示"怕",

如果该念 b 的地方你念成 p，那么意思就完全不同，而在英语中，这两个音没有什么区别，念 b 还是念 p 并不影响意义的表达，别人都能理解。可见，同样的音素，在不同民族语言中的作用不完全相同。第二，语音具有地方特征。同一种语言，在不同的地域，语音也有一些差别。比如普通话中有舌尖后音 zh、ch、sh、r，而我国南方诸多汉语方言没有这样的音素。语音的这种差别，都是由社会属性决定的。

三　语音单位

（一）音素、音位、音节

音素是语音的最小单位。发音时，发音器官的每一次细微的变化，比如口腔的开合、舌头的伸缩、声带是不是振动等，都能发出不同的音素来。

在一种具体的语言或方言中，根据这个音素是不是具有区别词形的作用，在音素的基础上可以概括出音位。一个音素具有区别词形的作用，就是音位；如果不具有区别词形的作用，就不是音位，而是与别的音素共同构成一个音位。例如 u，在音节"uan"中，表示这个音节的意义是"弯"，如果换成 i 组成 ian，意思是"烟"，可见 u 就是一个音位，如果音节 uan 中的 u 换成 v，把这个音节念成 van，其意思还是"弯"，可见 v 就不是一个音位。根据能否区别意义、能否区别词的语音形式来考察、划分语音单位，得到的语音最小的单位就是音位。普通话有 22 个辅音音位，10 个元音音位，4 个调位，其中音质音位 32 个，非音质音位 4 个。这是最基本的音位系统，不包括变体音位在内。

音素是从自然角度划分出来的最小语音单位,没有辨义作用;音位是从社会性质角度划分出来的,是一种语言或方言中具有区别意义作用的最小语音单位,因而具有辨义作用。音素和音位既有区别又有联系:同一个语音单位,从不同角度看,既可以是音素,也可以是音位。音位的划分必须以音素为基础,离开具体的音素,就无法归纳音位了,因为在一定的语境中,每个音位都要通过具体的音素形式表现出来,例如普通话声母 b、p、m,从自然属性角度看是音素,从社会属性角度看是音位。音位是对音素的概括和归纳,例如普通话音节 ya、dai、jian、hao、hua 中的 a,由于受前后音素的影响,从自然属性角度看,实际上是不同的音素,国际音标要用 5 个不同的符号来记录。

音节是语音的基本结构单位,在汉语中是听觉上最容易分辨出来的语音单位。例如"学好普通话"这句话,从听觉上就非常自然地把五个音节划分出来了。图 2-2 是这个句子的波形图,我们可以很清晰地看到五个音节的分界。

图 2-2

音节是音素按照一定方式构成的,有些音节由一个音素构成,有些音节由元音加上辅音构成,音素组合成音节在不同语言中具有不同特点,这正是语音社会属性的反映。比如现代汉语普通话的音节中,只有鼻辅音 n 和 ng 可以出现在音节末尾,其他辅音不能出现在音节末尾,只能出现在音节前面,更没有几个辅音连续出现的情况。而在英语里面,辅音可以出现在音节前后,例如 hat(帽子)、map(地图),而且几个辅音可以连续出现,例如 stand(站立)、best(最好)等。

1. 元音、辅音

音素根据特点可以分为元音和辅音两大类。元音是发音时呼出气流不受口腔任何部位阻碍而形成的音素,例如 i、a、o、e 等就是元音。辅音是发音时呼出气流要受口腔某个部位阻碍而形成的音素,例如 b、p、d、t 就是辅音。发音时呼出气流是不是受阻,这是元音和辅音最本质的区别。元音和辅音的区别可从下面四个方面来具体认识:

第一,气流受阻情况不同。元音发音时,气流不受阻碍;辅音发音时,气流在通过鼻腔和口腔的过程中,一定要受到某个部位的阻碍。这是元音和辅音最主要的区别。

第二,声带振动情况不同。元音发音时,声带一定振动,声音响亮;辅音发音时,声带大多不振动,声音一般不响亮。

第三,气流强弱不同。元音发音时气流较弱;辅音发音时气流较强。

第四,发音器官状态不同。元音发音时,发音器官各个部位保持均衡紧张状态;辅音发音时,形成阻碍的部位特别紧张。

按照上面四个方面的区别,我们可以通过发辅音 p 和元音 a 来认识体会其特点。

2. 声母、韵母、声调

声母是一个音节最前面的那个辅音音素,例如音节 kuai、le,辅音音素 k、l 就是声母。

韵母是指音节中除声母以外的其他音素,也就是位于声母后面的音素成分。一个音节中除去声母,剩下的部分就是韵母。韵母可以是一个音素,也可以由几个音素组成,例如音节 kuai、le,其中的 uai 和 e 就是韵母。

声调是一个音节中表示高低升降的调子。例如汉字"天上"这两个音节中,第一个音节的声调是比较高的平声,第二个音节是从高到低的降调。

汉语音节,根据其结构特点,一般分为声母、韵母和声调三个部分。在汉语音节中,充当声母和韵母的音素是音质变化形成的,是音质成分,声调是由音高变化形成的,是非音质成分。例如音节 zhāng,其中声母是 zh,韵母是 ang,声调是阴平调,如表 2-1 所示:

音节 zhāng	声调(阴平)	非音质成分
	声母 zh	韵母 ang	音质成分

表 2-1

普通话有 21 个辅音声母,有 39 个韵母,四个声调。由于声母和韵母之间的配合是有选择的,与声调的配合也是有选择的,不是任意两个单位就可以组合,因此普通话语音系统中,声母和韵母结合可以构成四百余个基本音节,与四个声调相配构成一千三百多个音节。声母和韵母的组合关系反映了普通话语音单位组合的特点,同一类中的各个单位,往往具有相同的组合功能,例如舌面前辅音声母都只能同齐齿呼、撮口呼韵母组合,不能同开口呼、合口呼韵母组合,舌根音声母则相反,只能同开口呼、合口呼韵母组合,不能同齐齿呼、撮口呼韵母组合。这样,语音单位与语音单位的组合,就构成了语音系统。

一般而言,一个汉字基本上就代表一个音节。

语言是一个系统,语言中的语音、语汇、语法又各自构成一个完整的系统。作为语言的外部形式,语音本身也是一种系统。语音的系统性体现在两个方面:一是由各种不同的语音单位构成,二是这些语音单位具有组合规律。这两个方面就构成了一种语音体系,考察一种语音体系,考察一种语音体系和另一种语音体系的区别,就要从这两个方面入手。普通话语音系统主要由声母、韵母和声调组成。

四 普通话的声母

普通话一共有21个辅音声母,这些声母可以按照发音部位和发音方法来分类认识。

(一)声母的发音部位

声母的发音部位是指发音呼出气流时口部器官构成阻碍的部位。每一个辅音,其共同特点是发音时呼出的气流在通过口腔时总要在某个部位受到阻挡,这就是某一个音的发音部位。普通话21个辅音声母,在发音时,一共有七个阻挡气流呼出的位置,因此发音部位就划分为双唇、唇齿、舌尖前、舌尖中、舌尖后、舌面前、舌根七个部位,相应地,声母就划分为双唇音、唇齿音、舌尖前音、舌尖中音、舌尖后音、舌面音、舌根音七类。各个部位的声母分布如下:

双唇音 由上下唇闭合构成阻碍阻挡气流,这个部位的声母有3个:b、p、m。

唇齿音 由上齿和下唇闭合构成阻碍阻挡气流,声母有1个:f。

舌尖前音 由舌尖与上齿背构成阻碍阻挡气流,声母有3个:z、c、s。

舌尖中音 由舌尖和上齿龈构成阻碍阻挡气流,声母有4个:

d、t、n、l。

舌尖后音 由舌尖上翘和硬腭前部构成阻碍阻挡气流,声母有4个:zh、ch、sh、r。

舌面音 由舌面前部与硬腭前部构成阻碍阻挡气流,声母有3个:j、q、x。

舌根音 由舌根与软腭构成阻碍阻挡气流,声母有3个:g、k、h。

这七个发音部位按照口腔发音器官的位置从双唇到舌根音依次排列,比较容易把握。了解这些发音部位有助于学会并掌握好普通话声母的发音,比如很多方言区的人发不准舌尖后音(俗称翘舌音),其实这一组声母就是舌尖上抬抵住硬腭发出来的,而z、c、s三个声母是舌尖平伸抵住上齿背发出来的。普通话舌尖音有舌尖前音、舌尖中音、舌尖后音,大部分方言区的语音都有舌尖前音和舌尖中音,在把握这两组音的基础上舌位再往后一点就发出舌尖后音来了。平时学习可以通过口部器官从前往后分组认识,对照发音部位练习。各个发音部位及其声母分布如图2-3所示:

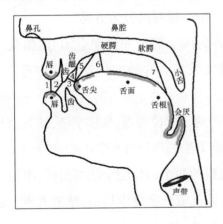

图2-3 普通话声母发音部位示意图

(二)声母的发音方法

声母的发音方法就是口腔发音器官形成阻碍和克服阻碍呼出气流的方式,也就是把某个发音部位形成的阻碍打开,让气流冲出来的方式,还包括发音时呼出气流的强弱和声带是否振动等因素。

声母发音从形成阻碍到解除阻碍的过程,一般分为成阻、持阻、除阻三个阶段。成阻是辅音发音的过程中的开始阶段,即发音过程中阻碍作用的形成,发音器官从静止或其他状态转到发一种辅音时所必需的构成阻碍状态的过程。如发 p 时,双唇紧闭;发 d 时,舌尖顶住上齿龈。持阻是接触的部位持续闭塞的阶段,即发音过程中阻碍作用的持续,目的是持续积蓄气流,形成一定的压力,最后在除阻阶段让气流冲出来。除阻是最后阶段,即阻碍作用的消除,把两个闭合的部位打开,发音器官从某种阻碍状态转到原来静止或其他状态,让气流冲出。如发 b 时,嘴唇由闭而开;发 k 时,舌根离开硬腭后部。当然,这三个部位只是理论分析,在实际发音中,三个阶段都是很短暂的。

按照发音方法,普通话 21 个声母可以分为五类:

塞音 发音时,形成阻碍的两个部位先是完全闭合,阻住气流,然后猛然放开,使气流爆发成声。这种方法发音的声母有 6 个:b、p、d、t、g、k。

擦音 发音时,形成阻碍的两个部位接近,形成窄缝,使气流从中间挤出,摩擦成声。这种发音方法的声母有 6 个:f、s、sh、r、x、h。

塞擦音 发音时,形成阻碍的两个部位完全闭塞阻死,阻挡气流,然后慢慢打开,形成窄缝,让气流从窄缝中挤出,摩擦成声。这种发音方法的声母有 6 个:z、c、zh、ch、j、q。

鼻音 发音时,口腔通路完全闭塞,使气流从鼻腔出来,同时声带颤动。这种方法发音的声母有 2 个:m、n。作为韵尾的辅音 ng 也是这种发音方法。

边音 发音时,舌尖上抬与上齿龈形成阻碍,阻塞气流,然后使气流从舌的两边流出。用这种发音方法发音的声母只有 1 个:l。

根据发音时呼出气流的强弱,声母可分为送气音和不送气音两大类:

普通话只有塞音和塞擦音声母区分送气与不送气。发音时,有一股强烈的气流冲出,叫作送气,普通话送气音声母有 6 个:p、t、k、c、ch、q。发音时,呼出气流较弱,叫作不送气,普通话不送气音声母与送气音对应,也有 6 个:b、d、g、z、zh、j。

根据发音时声带震动与否,普通话声母可分为清音和浊音:

发音时,声带不振动的叫清音,声带振动的叫浊音。普通话 21 个辅音声母,只有 4 个浊音 m、n、l、r,其余 17 个都是清音。

(三)声母发音特点总结

根据前面介绍的发音部位和发音方法,综合起来看,普通话每一个辅音声母的发音情况如表 2-2 所示:

声母\发音方法\发音部位		塞音		塞擦音		擦音		鼻音	边音
		清音		清音		清音	浊音	浊音	浊音
		不送气音	送气音	不送气音	送气音				
双唇音	上唇下唇	b	p					m	
唇齿音	上齿下唇					f			
舌尖前音	舌尖上齿背			z	c	s			

表 2-2

续　表

发音方法\\发音部位		塞音		塞擦音		擦音		鼻音	边音
		清音		清音		清音	浊音	浊音	浊音
		不送气音	送气音	不送气音	送气音				
舌尖中音	舌尖上齿龈	d	t					n	l
舌尖后音	舌尖硬腭前			zh	ch	sh	r		
舌面音	舌面硬腭			j	q	x			
舌根音	舌根软腭	g	k			h		(ng)	

依据这个普通话声母表，我们把21个辅音声母的发音特点描述如下：

b　双唇、不送气、清、塞音。发音时，双唇首先闭合阻挡气流，然后猛然放开，让气流冲出，声带不振动。例如"标兵""背包"。

P　双唇、送气、清、塞音。发音时，双唇首先闭合阻挡气流，然后猛然放开，让一股较强的气流冲出，声带不振动。例如"枇杷""批评"。

m　双唇、浊、鼻音。发音时，双唇首先闭合阻挡气流，让气流从鼻腔冲出，声带震动成声。例如"卖命""美貌"。

f　唇齿、清、擦音。发音时，上齿接近下唇，形成窄缝，让气流冲出、摩擦成声，声带不振动。例如"发放""丰富"。

z　舌尖前、不送气、清、塞擦音。发音时，舌头平伸，舌尖抵住齿背，形成阻碍，然后放开形成窄缝，让气流从窄缝中挤出，摩擦成声，同时声带不振动。例如"自在""总则"。

c　舌尖前、送气、清、塞擦音。发音时，舌头平伸，舌尖抵住齿背，形成阻碍，然后放开形成窄缝，让一股较强的气流从窄缝中挤出,摩擦成声,同时声带不振动。例如"苍翠""措辞"。

s 舌尖前、清、擦音。发音时,舌头平伸,舌尖接近齿背,形成窄缝,让气流从窄缝中挤出,摩擦成声,同时声带不振动。例如"松散""撕碎"。

d 舌尖中、不送气、清、塞音。发音时,舌尖抵住上齿龈,阻挡气流,然后猛然放开,让气流冲出,声带不振动。例如"得到""点灯"。

t 舌尖中、送气、清、塞音。发音时,舌尖抵住上齿龈,阻挡气流,然后猛然放开,让一股较强的气流冲出,声带不振动。例如"谈吐""梯田"。

n 舌尖中、浊、鼻音。发音时,舌尖抵住上齿龈,阻挡气流,让气流从鼻腔流出,同时声带振动成声。例如"男女""南宁"。

l 舌尖中、浊、边音。发音时,舌尖抵住上齿龈,阻挡气流,两边留出缝隙,让气流从两边缝隙流出,同时声带振动成声。例如"理论""来历"。

zh 舌尖后、不送气、清、塞擦音。发音时,舌尖上翘,舌尖抵住硬腭前部,形成阻碍,然后放开形成窄缝,让气流从窄缝中挤出,摩擦成声,同时声带不振动。例如"制止""真正"。

ch 舌尖后、送气、清、塞擦音。发音时,舌尖上翘,舌尖抵住硬腭前部,形成阻碍,然后放开形成窄缝,让一股较强的气流从窄缝中挤出,摩擦成声,同时声带不振动。例如"超出""初春"。

sh 舌尖后、清、擦音。发音时,舌尖上翘,舌尖接近硬腭前部,形成窄缝,让气流从窄缝中挤出,摩擦成声,同时声带不振动。例如"师生""神伤"。

r 舌尖后、浊、擦音。发音时,舌尖上翘,舌尖接近硬腭前部,形成窄缝,让气流从窄缝中挤出,摩擦成声,同时声带振动。例如

"融入""柔软"。

j　舌面前、不送气、清、塞擦音。发音时,舌面前部上抬,抵住硬腭前部,形成阻碍,然后放开形成窄缝,让气流从窄缝中挤出,摩擦成声,同时声带不振动。例如"交际""解决"。

q　舌面前、送气、清、塞擦音。发音时,舌面前部上抬,抵住硬腭前部,形成阻碍,然后放开形成窄缝,让一股较强的气流从窄缝中挤出,摩擦成声,同时声带不振动。例如"亲戚""齐全"。

x　舌面前、清、擦音。发音时,舌面前部上抬,接近硬腭前部,形成窄缝,让气流从窄缝中挤出,摩擦成声,同时声带不振动。例如"学校""信息"。

g　舌根、不送气、清、塞音。发音时,舌根上抬抵住软腭,形成阻碍,阻挡气流,然后猛然放开,让气流冲出,声带不振动。例如"各个""广告"。

k　舌根、送气、清、塞音。发音时,舌根上抬抵住软腭,形成阻碍,阻挡气流,然后猛然放开,让一股较强的气流冲出,声带不振动。例如"开口""可靠"。

h　舌根、清、擦音。发音时,舌根上抬接近软腭,形成窄缝,让气流从窄缝中挤出,摩擦成声,同时声带不振动。例如"和好""航海"。

方言区的人学习普通话声母,要注意区别 z－zh、c－ch、s－sh、n－l、h－f,因为这几组声母在方言中最容易混淆。同时还要结合自己方言的实际确立声母纠正的重点,因为每种方言与普通话的差别是不一样的。

五 普通话的韵母

(一)韵母的结构

韵母是一个音节中除了声母的那一部分。在汉语音节中,声母后面的部分就是韵母,例如 hanzu 这两个音节,除了声母 h 和 z,剩下的 an 和 u 就是两个韵母,有些音节,如 an(安)、in(音)、uei(威)等,前面没有辅音声母,称之为零声母,那么这些音节整个是由韵母构成的。韵母有的由一个或多个元音构成,如 a、ao、uei,有的由元音和辅音构成,辅音只能位于韵母的后面,例如 an、uen、uang。

根据韵母中各个音素的地位和发音特点,韵母又分韵头、韵腹、韵尾三部分。韵腹是韵母部分的主要元音充当的,是韵母的主干,特点是发音响亮清晰。韵头是位于韵腹前面的元音音素,能够充当普通话韵母的韵头的音素有三个,即 i、u、ü,都是开口度比较小的音素。韵尾是位于韵腹后面的音素,包括元音音素和辅音音素。普通话中能够充当韵尾的元音有 i 和 u 两个,能够充当韵尾的辅音是鼻辅音 n 和 ng。注意韵母 ao、iao 中的 o 实际音质是 u,所以元音 o 并不是韵尾,这两个韵母只是用 o 代替 u,是当初制定《汉语拼音方案》的技术考虑,即避免手写时与韵母 an、ian 混淆。韵头、韵腹和韵尾在韵母中的地位是不同的,韵头和韵腹的发音时间较短,韵腹发音时间长,所以一个音节的音高变化,主要就体现在韵腹上,声调符号一般要标在韵腹上面就是这个道理。

一个韵母如果只有一个元音,这个元音就是韵腹,如果有几个元音,那么其中开口度最大的就是韵腹,例如 iao,其中 a 是韵腹,i 是韵头,o 是韵尾。所以确定了韵腹,韵头和韵尾就不难确定了。韵母的结构见表 2-3:

结构成分	韵母		
	韵头	韵腹	韵尾
		a	
	i	a	
		a	i
	u	a	n

表 2-3

(二)韵母的分类

普通话一共有 39 个韵母,这些韵母可以从内部成分和韵头情况两个不同角度分类认识。

1. 按内部成分分类

按照韵母内部的构成成分分类,也就是从结构角度,根据韵母的成分特点,把韵母分为单韵母、复韵母、鼻韵母三类。

(1)单韵母

单韵母就是由一个元音构成的韵母,普通话一共有 10 个单元音,它们都可以独立充当韵母,这 10 个单韵母是 a、o、e、ê、i、u、ü、er、-i(前)、-i(后)。依据发音时舌的活动情况,一般又把单韵母分为三类:a、o、e、ê、i、u、ü 是舌面元音韵母,发音时主要由舌面起作用;er 是卷舌元音,发音时舌尖向上卷,这里的 r 不代表音素,只是表示卷舌动作的符号,er 只能自成音节,不和任何声母相拼;-i(前)、-i(后)是舌尖元音韵母,不能自成音节,发音时主要是舌尖活动,-i(前)只跟z、c、s相拼,-i(后)只跟zh、ch、sh、r相拼。

单韵母的发音特点是由舌位前后、舌位高低和圆唇与否三个方面构成的。分析描写每一个单元音韵母的发音特点,都可以从这三个方面来认识。所谓舌位就是发音时舌面隆起点在口腔中的位置。舌位前后是指发音时舌面隆起的部位是靠前还是靠后,靠前的就是前元音,靠后的就是后元音。试比较元音i和u发音时舌位隆起部位的区别:发i时,舌面前面隆起,发u时,舌面后部隆起。舌位高低是指发音时舌面隆起点与上腭的距离,发音时口腔开口度小,舌面隆起点离上腭近,舌位较高,叫高元音;发音时口腔开口度大,舌面隆起点离上腭远,舌位较低,叫低元音。试比较元音i和a发音时舌位高低的差别:发i时,口腔开口度小,口腔稍开,上下齿接近,舌面隆起点离上腭很近,是高元音;发a时,口腔大开,其开口度最大,舌面隆起点离上腭最远,是低元音。圆唇与否是指发音时双唇拢圆还是自然展开,双唇拢圆就叫圆唇元音,双唇自然展开就叫不圆唇元音。试比较元音e和o:发e时,双唇自然展开,这是不圆唇元音;发o时,双唇拢圆,就是圆唇元音。

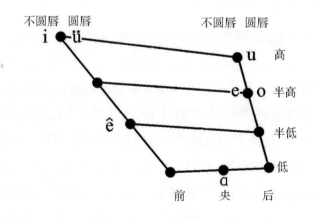

图2-4 舌面元音舌位图

图2-4直观地反映了元音发音时舌位的前后、高低和唇形情况，例如i，从舌位前后看是舌位前，从舌位高低看是舌位高，从唇形看是不圆唇元音。普通话的两个舌尖元音和一个卷舌元音也可以比照图2-4来认识其发音特点，学习外语中的元音，也可以借助这个舌位图来揣摩体会其发音特点。

普通话十个单元音韵母的发音特点描述如下：

a：舌面、央、低、不圆唇元音。例词：砝码、哈达。

o：舌面、后、半高、圆唇元音。例词：泼墨、磨破。

e：舌面、后、半高、不圆唇元音。例词：合格、客车。

ê：舌面、前、半低、不圆唇元音。例词：欸。

i：舌面、前、高、不圆唇元音。例词：礼仪、吉利。

u：舌面、后、高、圆唇元音。例词：服务、图库。

ü：舌面、前、高、圆唇元音。例词：区域、序曲。

-i(前)：舌尖、前、高、不圆唇元音。例词：自私、字词。

-i(后)：舌尖、后、高、不圆唇元音。例词：支持、实质。

er：卷舌、央、中、不圆唇元音。例词：而、耳、儿、二。

(2) 复韵母

复韵母就是由两个或三个元音构成的韵母，一共有13个，即ai、ei、ao、ou、ia、ie、ua、uo、üe、iao、iou、uai、uei等。注意复韵母发音时，从一个音素过渡到另一个音素是滑动的，中间有很多过渡音，而不是跳动的，例如发复韵母ia，不是发了i以后直接跳到a上面，而是从i逐渐滑动过渡到a，口腔由闭逐渐到开。当然，复韵母的音长主要体现在韵腹上面，韵头和韵尾发音很短。按照复韵母中韵腹所在位置不同，复韵母又分为前响复韵母、后响复韵母、中响复韵母三类。前响、后响都是由两个元音构成的；中响是由三个元音构成的。

前响复韵母　前响复韵母是指两个元音中前面的元音开口度大、发音清晰响亮的韵母。前响复韵母的发音特点是：发音由响到弱，口腔开口度由大到小。普通话一共有四个前响复韵母，即 ai、ei、ao、ou。下列音节的韵母都是前响复韵母，请朗读并体会其发音特点：

　　白菜(baicai)　　高矮(gao'ai)　　肥美(feimei)
　　报告(baogao)　　早稻(zaodao)　　收购(shougou)
　　口头(koutou)　　高楼(gaolou)　　美味(meiwei)

后响复韵母　后响复韵母是指两个元音中后面的元音开口度大、发音清晰响亮的韵母。后响复韵母的发音特点是：发音由弱到响，韵头音一发出来旋即滑向韵腹，口腔开口度由小到大。普通话语音系统一共有五个后响复韵母，即 ia、ie、ua、uo、üe。注意后响复韵母 ie、üe 中的元音 e，实际上是元音 ê，由于 ê 从不单独使用，为简化拼写，所以韵母 iê 和 üê 就约定俗成拼写为 ie、üe。下列音节的韵母都是后响复韵母，请朗读并体会其发音特点：

　　假牙(jiaya)　　歇业(xieye)　　铁鞋(tiexie)
　　挂画(guahua)　　花瓜(huagua)　　骆驼(luotuo)
　　说错(shuocuo)　　雀跃(queyue)　　绝学(juexue)

中响复韵母　中响复韵母是指三个元音中中间的元音开口度大、发音清晰响亮的韵母。中响复韵母的发音特点是中间的音响亮，占据时间长一些，韵头和韵尾发音时间短，口腔开口度由小到大再到小。普通话语音系统一共有四个中响复韵母，即 iao、iou、uai、uei。中响复韵母在自成音节时，韵头 i、u 改写为 y、w，如 you（悠）、wei（位）等。iou、uei 与声母相拼时，要省写成 iu、ui，如 qiu（球）、gui（归）等。下列音节的韵母都是中响复韵母，请朗读并体

会其发音特点:

  小巧(xiaoqiao) 苗条(miaotiao) 绣球(xiuqiu)
  悠久(youjiu)   外快(waikuai) 摔坏(shuaihuai)
  归队(guidui)   退位(tuiwei)   优秀(youxiu)

(3)鼻韵母

鼻韵母就是由一个或两个元音加前鼻音 n 或后鼻音 ng 构成的韵母,一共有 16 个,即 an、en、ian、in、uan、uen、üan、ün、ang、iang、uang、eng、ueng、ong、ing、iong 等。

鼻韵母的发音有三个特点:一是元音同后面的鼻辅音不是生硬地结合在一起,而是有机的统一体。发音时,逐渐由元音向鼻辅音过渡,逐渐增加鼻音色彩,最后形成鼻辅音。二是鼻韵母的发音不是以鼻辅音为主,而是以元音为主,其中主要元音清晰响亮,鼻辅音重在做出发音状态,发音不太明显。三是由于受鼻辅音韵尾的影响,鼻韵母前面的元音尤其是韵腹的音色和单韵母、复韵母的元音有所区别,例如:复韵母 ua,其中这个 a 的音色是舌面、前、央、低、不圆唇元音,但是在鼻韵母 ian 中,a 的音色变成了舌面、前、半低,相当于单韵母 ê 的音色;在韵母 ang 中,a 的音色由于受后鼻音的影响,变成了舌面、后、半低、不圆唇元音。所以,鼻韵母中间的元音音色不等于是单韵母或复韵母的元音音色,鼻韵母的音色也不是元音简单加上鼻辅音构成。这是学习普通话韵母需要注意的。

根据构成鼻韵母的鼻辅音的不同,一般把鼻韵母分为前鼻音韵母和后鼻音韵母两类。

前鼻音韵母 前鼻音韵母是由元音加鼻辅音 n 构成的韵母,普通话共有 8 个前鼻音韵母,即 an、ian、uan、üan 、en、in、uen、ün。前鼻音韵母发音时,韵头轻短,韵腹清晰响亮,韵尾 n 发音时

只做出发音动作即可。下面的音节都是前鼻音韵母构成的,请朗读并体会其发音特点:

an：　展览　参战　反感　烂漫　谈判　坦然
ian：　艰险　渐变　连片　前天　牵线　田间
uan：　贯穿　软缎　酸软　婉转　转弯　专款
üan：　源泉　圆圈　轩辕　渊源　全选　劝捐
en：　根本　认真　人参　深沉　振奋　深圳
in：　近邻　拼音　信心　辛勤　引进　濒临
uen：　昆仑　温存　混沌　温顺　春笋　论文
ün：　军训　均匀　军运　芸芸　群群　熨裙

后鼻音韵母　后鼻音韵母是由元音加鼻辅音 ng 构成的韵母,普通话共有 8 个后鼻音韵母,即 ang、iang、uang、eng、ing、ueng、ong、iong。充当后鼻音韵尾的鼻辅音 ng 在普通话语音系统中只能充当韵尾,不能充当声母,不能出现在音节的前面。发 ng 音时,软腭下降,关闭口腔,打开鼻腔通道,舌面后部后缩并抵住软腭,气流颤动声带,从鼻腔通过。在鼻韵母中,ng 只是做出一个发音状态。朗读下面的音节并仔细体会后鼻音韵母的发音特点:

ang：　厂房　帮忙　盲肠　厂长　螳螂　上当
iang：　响亮　向阳　想象　湘江　踉跄　奖项
uang：　状况　装潢　黄庄　狂妄　黄光　荒矿
eng：　生成　风筝　风声　更正　丰盛　冷风
ueng：（水）瓮　（老）翁　（白头）翁　嗡嗡
ong：　空洞　共同　从容　动工　总统　通融
ing：　叮咛　宁静　评定　清明　明星　兵营
iong：　汹涌　穷凶　炯炯　熊熊　汹汹　穷窘

学习普通话韵母,要特别注意分辨 an‐ang、in‐ing、en‐eng 等几组,很多方言没有后鼻音韵母,例如普通话的"精英"(jingying)就读成了"金音"(jinyin);有些方言区没有撮口呼韵母,一律把韵母中的 ü 读成 i,例如"yuanquan"(圆圈)读成"yanqian"。所以学习普通话韵母要结合自己方言的实际情况确立纠正的重点,这样才能收到实效。

2. 按照韵头情况分类

按照韵头的有无和异同,普通话的韵母可以分为开口呼、齐齿呼、合口呼、撮口呼四类,简称四呼。普通话声母和韵母拼合成音节的规律,主要就是声母的发音部位和韵母的呼类决定的,所以认识韵母的四呼类别有助于学好普通话的语音。

开口呼韵母　　i、u、ü 不是韵头,也不充当韵腹的韵母。开口呼韵母一共有 15 个,即‐i(前)、‐i(后)、a、o、e、ê、er、ai、ei、ao、ou、an、en、ang、eng。

齐齿呼韵母　　由元音 i 充当韵头或者韵腹的韵母。普通话有 9 个齐齿呼韵母,即 i、ia、ian、iou、iao、ie、in、iang、ing。

合口呼韵母　　由元音 u 充当韵头或者韵腹的韵母。普通话有 10 个合口呼韵母,即 u、ua、uo、uai、uei、uan、uen、uang、ueng、ong。注意韵母 ong 中的元音 o 的实际音质是 u,所以归到合口呼而不是开口呼韵母。

撮口呼韵母　　由元音 ü 充当韵头或者韵腹的韵母。普通话有 5 个撮口呼韵母,即 ü、üe、üan、ün、iong。注意韵母 iong 两个元音符号代表的元音音质实际上是 ü,故将这个韵母归到撮口呼中。

韵母结构分类 \ 韵头分类	开口呼	齐齿呼	合口呼	撮口呼
单韵母	-i(前、后)	i	u	ü
单韵母	a	ia	ua	
单韵母	o		uo	
单韵母	e			
单韵母	ê	ie		üe
单韵母	er			
复韵母	ai		uai	
复韵母	ei		uei	
复韵母	ao	iao		
复韵母	ou	iou		
鼻韵母	an	ian	uan	üan
鼻韵母	en	in	uen	ün
鼻韵母	ong	iong	uang	
鼻韵母	eng	ing	ueng	
鼻韵母			ong	iong

表 2-4 普通话韵母表

(三) 韵母与押韵

文艺作品中的押韵,和韵母有着密切的关系,因此认识韵母的结构特点,有助于在表达中更好地运用语音。诗歌或者散文创作出于表情达意的需要,要求押韵,在句尾选择韵母结构相同或相近的音节,在语音上造成回环往复、和谐生动、富有节奏的表达效果,从而增强作品的艺术感染力。所谓韵母相近,就是韵腹和韵尾相同的音节也可以押韵。押韵的字位于句尾,所以一般把押韵的字叫作韵脚。例如李白的《静夜思》:

床前明月光,

疑是地上霜。

举头望明月，

低头思故乡。

诗中押韵的几个韵脚"光""霜""乡"的韵母分别是 uang、uang、iang,韵头有差别,所以,押韵中的韵不等于语音系统中的韵母。普通话有39个韵母,为了便于押韵,使诗歌、戏剧、曲艺创作者有所依据,需要将一些相近发音的韵母归为若干韵部。例如传统的十三辙中,发花辙包括 a、ia、ua 三个韵母,言前辙包括 an、ian、uan、üan 四个韵母,一七辙包括 i、-i(前)、-i(后)、er、ü 五个韵母,也就是说,同一辙内的韵母互相都是可以押韵的。如果喜欢写诗、填词,那么,就需要进一步了解押韵的有关知识,特别是弄清楚同一韵部里面包含哪些常用汉字,使用起来就会更加得心应手了。

六　普通话的声调

(一)什么是声调

声调指音节的高低起伏、曲直长短变化的调子,它贯穿于整个音节。汉语的一个显著特点就是每一个音节都具有声调,声调是音节中不可缺少的部分,具有区别意义的作用。一个音节,如果声母和韵母相同,但是声调不同,表示的意义往往不一样。例如音节 shuzi,标上不同的声调,可以表示"梳子""数字""竖子""熟字"等不同的意思。可见声调在汉语中不是可有可无的东西,学习语音还必须学好声调,才能准确表达思想。

普通话的声调可以分为四类,即阴平、阳平、上声、去声,这些不同类别的声调的实际发音分别是 55、35、214、51,这是声调的调值。按照调值归纳出来的声调类型就是调类。普通话有四种不同的调值,所以相应有四种调类。例如成语"山明水秀"四个音节,正好就是阴阳上去四声,学会了普通话这四个音节的调子的读法,就掌握了普通话声调的读音。

为了详细而准确地描写声调的调值,一般采用五度标记法来观测、分析声调,即把一条四等分竖线由下向上标上 1、2、3、4、5,分别表示低、半低、中、半高、高;再在竖线的左边用横线、斜线、曲线来表示调值的高低升降。

普通话的调值如图 2-5 所示。阴平调值是 55,发音时高而平,叫高平调;阳平调值是 35,发音时由中升高,叫中升调;上声调值是 214,发音时由半低降到低,然后再升到半高,叫降升调;去声调值是 51,发音时由高降到低,叫全降调。

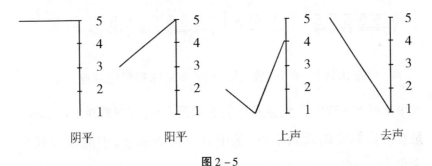

图 2-5

普通话有阴阳上去四个声调,《汉语拼音方案》规定了四个相应的符号来表示,这四个声调符号是"ˉ""ˊ""ˇ""ˋ"。声调符号的外形正好反映了各个调类的调值特点:阴平是高平调,从头到尾音高基本一致,比较平稳;阳平是高升调,从低向上扬;上声是降升调,先从 2 降到 1 再升到 4;去声是全降调,从 5 降到 1。

语言中的声调和音乐中的音高变化是不同的。

一是声调的高低升降是相对的,而音乐中的音高是绝对的。

每一个人的声调由于发音体声带的个体差异,表现出的音高是有差别的,但是每个人的声调变化模式,就普通话而言,依然是上面四种调值的模式,因而这种相对音高不会影响对意义的表达理解。所以,语言中的声调的音高是相对的,而音乐中的音高是绝对音高,即音乐中的音高不因个体差异发生变化,每个人演唱歌曲,音高是一致的,这在合唱里面表现得尤为明显。

二是声调的高低升降变化是滑动的,从一个点到另一个点,中间有无数的过渡音,例如普通话去声调的调值是51,即从最高5度降到最低1度,这里的变化不是念5度再念1度,而是从5度逐渐下滑到1度。音乐的音高变化是跳跃式的,从一个音到另一个音的变化是跳跃变化,不是滑动变化,例如演唱美国歌曲《孤独的牧羊人》第一句"高高的山顶上有个牧人",音调是:

$$\underline{\dot{5}\ 5\ 5\ 5\ 5\ \dot{5}}\ |\ \underline{\dot{5}\ 4\ 4\ 3}\ |\ \underline{\dot{5}\ 5\ 5\ 5\ \dot{5}\ 5\ 5\ 5}\ |\ \underline{\dot{5}\ 6}\ 5\ |$$

　　高　高的　山顶上　有个　牧　人　咿咿噢嘟咿咿噢嘟咿咿　噢

这里从低音 $\underline{5}$ 到中音5,或从中音5到低音 $\underline{5}$,其间跨越8度,演唱是直接从低音跳跃到中音,从中音直降到低音,中间没有任何变化。

(二)声调与语言美

汉语声调具有美化语言的作用,是语言美化的重要手段。

人们根据声调的特点把声调分为平仄两大类,平声指阴平和阳平调,仄声指上声和去声调。运用平仄的对立关系构成词语或句子,具有特殊的审美功能。所以,声调不但可以区别意义,还具有美化语言、增强表达效果的作用。汉语中的词语,尤其是成语,常常是前后两个音节平仄对立，构成对称的调子，或者异调错综，高低起伏，变化多端，具有特殊的音乐美，例如：

和颜悦色(平平仄仄)　朝思暮想(平平仄仄)
义愤填膺(仄仄平平)　坐井观天(仄仄平平)
重见天日(平仄平仄)　画龙点睛(仄平仄平)
心不在焉(平仄仄平)　汗流浃背(仄平平仄)

由于声调有助于增强语言的表现力和感染力这种特殊功效，因而文艺创作都特别注意声调的调配运用，尤其是诗歌创作，更是特别讲究音节的声调配合的协调性，注意平仄的交错使用，不但上下句要注意平仄，一个句子中也要讲究平仄配合，使句子读起来抑扬顿挫，高低起伏，长短交错，具有特殊的旋律美。诗歌创作中的"一三五不论，二四六分明"，讲的就是句子中运用声调最基本的要求。例如下面的诗句：

春蚕到死丝方尽(平平仄仄平平仄)
蜡炬成灰泪始干(仄仄平平仄仄平)

因此，运用语言表达思想，要注意声调的配合运用。

前面介绍了普通话声韵调系统，有助于学习普通话语音。不过，在发准普通话各个音素以及声母、韵母和声调的基础上，需要进一步把握每个音节(汉字)具体念什么音，而不能只是会读普通话声韵调。比如普通话的声韵调都能读准，但是具体的字、词应该念什么音，就不一定清楚了，特别是那些容易混淆的声母和韵母，更容易出错，例如"藏族"是念声母 z 还是 zh 呢？"精灵"的韵母该念前鼻音韵母还是后鼻音韵母呢？"轩辕"的韵母是 ian 还是 üan 呢？方言区的人学习使用这类词语，特别容易出错，总会犹豫一番。另外还有一些异读词，例如"械"念 xie 还是 jie 呢？"呆板"

的"呆"是念 ai 还是 dai 呢？有关部门在 1985 年 12 月发布了《普通话异读词审音表》，平时学习也需要留意其确定的标准。

类似这样的字词的读音的熟练掌握，就不是仅靠读准声韵母能解决的，需要我们持之以恒的实践练习，比如可以多朗读，多开口说普通话，这是学习语言最有效的方法。此外，还可以运用汉字大部分是形声字的特点类推一些汉字的读音。例如知道汉字"朱"是念翘舌音声母，那么"珠""株""蛛""铢""侏""茱""邾"也念翘舌音声母，"殊"字声母虽然和"朱"不同，但念 shu，声母仍然是翘舌音。再如韵母前后鼻音不分，如果知道"斤"念前鼻音韵母，那么依此类推，"近""靳""芹""新""欣""忻""昕"这类字的韵母也都念前鼻音韵母。利用这样的类推方法，可以比较快速地掌握一系列汉字的读音，纠正方音。

当然，这样类推要注意例外，不能随意类推，例如"诣"不能念"旨"，"龋"不能念"禹"，"酗"不能念"凶"等。对这些不熟悉的字，要注意查阅字典，避免念白字，闹出笑话来。把一些容易混淆读音的字变成歌诀来练习也是不错的方法，一方面可以通过字音的变化训练发音器官的灵活性和适应能力，一方面也记住了一些具体汉字的正确读音。比如像大家比较喜欢的绕口令，就是一项有趣的训练活动。例如"班干部管班干部，班干部被班干部管"。网上盛传一首号称不同级别训练的绕口令，颇有意思：

幼儿班：发化肥。

初级班：化肥会挥发。

中级班：黑化肥发灰，灰化肥发黑。

高级班：黑化肥发灰会挥发，灰化肥挥发会发黑。

MBA 班：黑化肥发灰挥发会发黑，灰化肥发黑挥发会发灰。

下面两首饶口令你要是能够顺利读下来,那绝对是天神级别了!

①灰花飞买了个黑化肥,黑华飞也买了个灰化肥。灰花飞种地需要黑华飞的灰化肥,黑华飞种地也需要灰花飞的黑化肥。灰花飞与灰化肥,黑华飞与黑化肥。灰花飞的黑化肥,黑华飞的灰化肥。灰花飞要拿灰花飞的黑化肥换黑华飞买的灰化肥,黑华飞也要拿黑华飞的灰化肥换灰花飞的黑化肥。究竟是灰花飞换了黑华飞的灰化肥,还是黑华飞换了灰花飞的黑化肥!灰花飞不是黑华飞,灰化肥不是黑化肥。灰花飞买的是黑化肥不是灰化肥,黑华飞买的是灰化肥不是黑化肥。黑华飞发灰变不成灰花飞,灰花飞发黑也变不成黑华飞。黑化肥可以发灰变成灰化肥,灰化肥发黑也可以变成黑化肥。黑灰化肥与黑华飞与灰花飞之间的关系要认清!

②刘奶奶找牛奶奶买牛奶,牛奶奶给刘奶奶拿牛奶,刘奶奶说牛奶奶的牛奶不如柳奶奶的牛奶,牛奶奶说柳奶奶的牛奶会流奶,柳奶奶听见了大骂牛奶奶你的才会流奶,柳奶奶和牛奶奶泼牛奶吓坏了刘奶奶,大骂再也不买柳奶奶和牛奶奶的牛奶。

七　汉语拼音方案

记录普通话声韵调系统,需要有一套记音符号。现代汉语记录语音的符号主要是《汉语拼音方案》规定的一套字母。《汉语拼音方案》是我国法定的给汉字注音的一套音标方案,是记录汉字字音、拼写普通话的工具。这里的"汉语"指的是现代汉语普通话,不包括方言,所以这个方案是拼写普通话的,不能拼写方言。前面介绍的声母、韵母、声调,采用的就是汉语拼音方案。

汉字不是拼音文字,笔画繁多,字体结构非常复杂,所以不仅书写起来十分困难,而且认读也非常不方便,不适合用来记音,因此我国在1958年创制公布了《汉语拼音方案》,用来记录普通话语音。《汉语拼音方案》是以国际上通用的26个拉丁字母为基础制定的,在字母不够用的情况下采用双字母组合、增加附加符号、一符多用等方式变通。方案由字母表、声母表、韵母表、声调符号、隔音符号五个部分构成。《汉语拼音方案》公布至今,在我国各个领域得到了越来越广泛的运用,特别是近年来的计算机输入汉字、手机短信传递等,汉语拼音都发挥着很大的作用,与人们的文化生活越来越贴近了。因此我们应该了解并学习《汉语拼音方案》的有关知识,正确使用。

汉语拼音还是国际上公认的拼写中国人名、地名的国际标准。在1977年联合国第三届地名标准化会议上,我国提出用汉语拼音拼写中国地名作为国际标准的提案获得通过;联合国秘书处1979年6月15日发出关于采用汉语拼音的通知,要求从即日起采用汉语拼音作为各种拉丁字母文字转写我国人名和地名的标准;1982年国际标准化组织(ISO)决定采用拼音字母作为拼写汉语的国际标准,这就意味着《汉语拼音方案》在1958年公布后,经过二十多年的国内推广,已经正式进入了国际社会,获得了国际社会的普遍认同和采用。新加坡和马来西亚还正式采用《汉语拼音方案》作为本国的华语拼音方案,直接用于汉语教学。

用汉语拼音给汉字注音,拼写普通话,最基本的原则就是分词连写,以词为书写单位注音,例如句子"我们喜欢阅读武侠小说",是十个音节,五个词,即"我们""喜欢""阅读""武侠""小说",注音就要以词为单位分开:"wǒmén xǐhuān yuèdú wǔxiá xiǎoshuō"。当然,哪些单位是词,哪些单位不是词,具体划分还是有一定难度的,因为我国使用汉字记录汉语,没有分词连写的习惯,加上汉语的词的音节结构本身并不是整齐划一的,有些构词单位可以独立成一个词,也可以结合别的单位构词,所以不是每个词都容易分别开,但是我们只要知道基本的规则就可以了。

用汉语拼音拼写普通话,给汉字注音,一般而言,把这个汉字的声母、韵母和声调写出来就可以了。例如"发展"这两个字,声母分别是 f 和 zh,韵母分别是 a 和 an,声调是阴平和上声,注音就是 fāzhǎn。但是有些音节的拼写,韵母形式上要发生一些变化,有一些音节的拼写规则需要了解,这样才能正确使用汉语拼音。如何拼写音节,《汉语拼音方案》制定了一系列的规则,要正确使用汉语拼音,需要进一步了解。当然,这些规则初学可能感到繁杂,其实熟悉了以后,使用并不困难。

音节拼写规则有下面一些内容:

(一) y 和 w 的使用

第一,以音素 i 开头的音节,如果这个音节只有 i 一个元音音素,比如 i(衣)、in(音)、ing(英)这样的音节,前面没有声母,就需要在前面加上一个字母 y,这三个音节要分别拼写为 yi、yin、ying。以音素 i 开头的音节,虽然没有声母,但是它后面还有其他元音音素,那么字母 i 就要换成字母 y,例如音节 iang(羊)、iou(油)、ia(牙),就要拼写成 yang、you、ya。以字母 i 开头的音节的拼写规则,可以简单地概括为加 y 和换 y。

第二,以音素 u 开头的音节,如果这个音节只有 u 一个元音音素,比如"五""无""舞"这样的音节,前面没有声母,就需要在前面加上一个字母w,这个音节要拼写为wu。以音素u开头的音节,虽然没有声母,但是它后面还有其他元音音素,那么字母u就要换成字母w,例如音节uo(我)、uang(王)、uei(伟),就要拼写为wo、wang、wei。以u开头的音节,只有一个单韵母u充当的音节需要在u前面加w,其余的都是换u为w。

第三,以ü开头的音节,前面没有声母,要先去掉ü上两点,前面再加上y,例如ü(鱼)、üe(月)、üan(元)、ün(云)四个音节,拼写为yu、yue、yuan、yun。这条规则也可以简单表达为:以ü开头的音节,前面没有声母时,一律把ü换成yu。

(二)ü上两点的省略

声母j、q、x和韵母ü、üe、üan、ün相拼,ü上两点一律省略,例如音节jü(句)、qü(取)、xüan(选),正确的拼写形式应该是ju、qu、xuan,我们在《新华字典》《现代汉语词典》中绝对找不到xüan这样的音节拼写形式,就是因为省写了ü上两点的缘故。当然,省略后ü的读音不变,仍然是舌面前高圆唇元音,不能念成u。

(三)iou、uei、uen的省写

iou、uei、uen这三个韵母和声母相拼,要省略韵腹,这样可以使拼写形式更加简短。例如chuen、shuei、liou(春、水、流)这三个音节,按照这一条拼写规则应该拼写为chun、shui、liu才对。我们在字典、词典中查找"春",只有"chun"的拼写形式,找不到chuen这样的音节。iou、uei、uen这三个韵母的拼写形式,在实际运用中永远不会出现,因为当它们作为零声母音节时,要按照y、w的使用规则替换其中的i、u,当它们和辅音声母相拼时,又省略了其中

的韵腹。

(四)声调符号的使用

汉语是有声调语言,声调具有区别意义的作用,因此用汉语拼音拼写普通话,必须给音节标上声调,如果不标声调,音节表示的意义就可能有多种理解,容易造成误会。例如音节 kanshu,可以理解为"看书",也可以理解为"砍树",标上声调,就没有这样的问题了。

声调符号要标写在音节中韵母部分的韵腹上面,不能标在别的元音上面,更不能标在辅音上面。像 iou、uei 这样的音节,和声母相拼省略了韵腹,那么声调符号就要标写在后面一个元音上面。要注意,韵腹如果是 i,上面标了声调符号,i 上一点要省略,避免叠床架屋,这不是《汉语拼音方案》规定的拼写规则,但是在五十多年的注音实践中,大家已经约定俗成了。至于轻声音节,因为其调值并不是很稳定,所以规定不标调。有些音节在连读时发生了变化,也只标原调,不标变调。例如"展览馆"三个字的读音都是上声,但是实际使用时,前面两个汉字的读音变读为阳平调了,标调仍然标上声。

此外还要注意隔音符号的使用。以字母 a、o、e 开头的音节,出现在别的音节后面,容易造成音节混淆,就需要使用隔音符号,这个符号用单引号"'"来表示。例如拼写"西安",不用隔音符号拼写为 xian,容易误会为"先",所以要拼写为 xi'an。了解这一点,对于掌握好计算机输入汉字同样具有现实意义,例如我们输入"方案"二字,如果不使用隔音符号,机器出现的是"反感",要输入"堤岸",机器出现的是"点",因为 fangan、dian 机器自动识别为 fan–gan、dian 了。在电脑上使用拼音输入汉字,遇到这种情况要在音节分界处点击那个引号键。例如输入"方案"二字的键盘敲击方式是"f'an"。

由此可见,熟悉汉语拼音方案的拼写规则,在我们的工作和学习中都非常有用处呢。这些规则,看起来好像比较复杂,其实如果结合我们的讲解,拿一些音节来做拼写练习,就非常容易理解和掌握,而且受用一辈子。

结束语

前面我们介绍了普通话语音系统的最基本的知识,可谓蜻蜓点水,只是让大家有一个大致的了解。如果有兴趣进一步学习,可以阅读中文专业本科的《现代汉语》教材,也可以找相关书籍参考,进一步研究。对于大部分人而言,掌握一些普通话语音的基本知识,能够结合个人工作学习实践掌握普通话,能比较流畅地运用普通话表达和交流,这就足够了。

第三章　语言的建筑材料
——语汇

穿行在语言中,我们会感觉到,语言好像是一座巍峨的大厦,是一个极为丰富的材料库,又像是五彩缤纷的百花园,我们随意揪下一枝一朵,都能感受到它的奇特。比如"聪明"和"狡猾",这两个词哪一个智商显得更高一些呢?"爸爸"和"父亲",哪一个显得更亲密一些呢?在语言这个百花园里,在这丰富多彩的材料库里,都有哪些材料呢?这些材料是如何构成的?使用上有什么特点?我们应该从哪些角度来观察认识呢?本章要告诉你的,就是关于语言建筑材料的有关知识。

一　什么是语汇

语汇,也叫词汇。顾名思义,语汇是一种语言中全部词和语的总汇。一种语言中所有词和熟语的总和,就是语汇。比如我们说"汉语语汇""英语语汇""俄语语汇"等,这里的语汇就是指这几种语言所使用的全部词语的总和。

语汇也可以指某一种特定范围的词语的总汇,例如"古代汉语语汇""近代汉语语汇""现代汉语语汇"是指汉语三个不同发展阶段所使用的词语的总汇,"吴方言语汇""粤方言语汇""北方方言语汇"是指现代汉语三个不同方言的词语的总汇,"鲁迅语汇""老舍语汇""《红楼梦》语汇"是指作家或作品所使用的词语的总汇。

总之,语汇是一种语言中的词以及熟语的集合体。单个的词语不能称为语汇。词语是个别的;语汇是集体的,是由一个个具体的词语构成的。一种语言中的词语有数万、数十万之多,而语汇则只有一个。平时有人说话,常常把语汇和词语混为一谈,用语汇代称词语。例如"我不理解这个语汇的意义""读了这部小说我学会了好几个语汇的用法""你这篇文章中有好几个语汇使用不当"等等,这里的"语汇"都应该换成"词语"才对。

语汇是语言的重要组成部分,是构成语言的建筑材料。人们平常使用语言进行交际,无论是同时同地的口头交际,还是异时异地的书面交际,都离不开词语的运用,都是通过一定的语法规则把语汇中的词语有机地组合成句子来表达自己的思想的。如果说语言是一座巍峨的大厦,那么语汇就是构成这座大厦的全部建筑材料。语汇材料越丰富,语言大厦就越绚丽多彩。同样的道理,一个人掌握的语汇材料越多,对这些材料的功能特点了解越细致,那么在交际时选择词语的余地就越大,语言表达也就越生动。古今中外著名的作家,之所以能够写出如此动人的篇章,与他们掌握丰富的语汇材料不无关系。

汉语是世界上最发达的语言之一,这与汉语语汇的丰富发达是分不开的。

现代汉语语汇的丰富性主要表现在以下几个方面:第一,语汇的构成成分丰富多彩,数量众多,各种不同来源的词兼收并蓄。例如古语词、外来词、方言词、各种熟语等,蔚为大观。像《现代汉语词典》(第6版)这样一部中型词典,所收条目69000余条,而且还有许多当前应用较广的新词语没有被收录,可见汉语语汇之丰富。第二,构成类型多。如词的构成方式有组合、附加、重叠等,熟语又有不同的构成方式。第三,词义丰富,容量大。现代汉语语汇中有许多多义词,常用词大都是多义的,有的词,其义项多达十几项。多义词以同一语音形式表达多种意义,既满足了交际需要,又使语汇系统更加简化。第四,拥有相当丰富的同义词。这些千差万别的同义词,使语言表达更加精密、细致。汉语语汇的丰富为人们运用语言提供了更加广阔的选择余地,我们可以在众多的材料中细致地选取最能表达思想的成分组成句子、篇章,使话语更加精确、生动,更加富有感染力。

现代汉语语汇也非常有特点。第一,语素单音成义,十分活跃,具有很强的组合能力。第二,词以双音节为主,词型简明。第三,词的构造方式灵活多样。由于汉语的词语都是以单音成义的语素为基础构成的,因此词的意义都比较明确,易于理解把握。例如像语素"录""音""像""机"构成"录音""录像""录音机""录像机"这样的词,意义一望而知,不用解释就可以明白其意义。

现代汉语语汇系统由语素、词和熟语三大部分构成,其中词是语汇中最主要的成员,也是本章要重点介绍的内容。

二　认识一下语素

(一) 什么是语素

语素是最小的语音语义结合体,是最小的有意义的语言单位。

如果拿一个语言片断层层进行切分,让切分出来的语言单位既有一定的语音形式,又有独立的意义,那么切分出来的最小语言

单位就是语素。例如"我们非常珍惜今天的幸福生活"这句话,可以做如下切分:

我们|非常|珍惜|今天|的|幸福|生活。

这个句子,一共切分出"我们""非常""珍惜"等七个单位,这七个单位都是词,因为它们都能独立运用。但这七个单位并不都是最小的语言单位,例如像"珍惜"中的"珍""惜","生活"中的"生""活"等都有意义,而且还有一定的语音形式,说明这些语言单位还不是最小的语音语义结合体,因此还可以进一步往下切分。例如可切分为:

我|们|非|常|珍|惜|今|天|的|幸|福|生|活。

这样切分出来的十三个单位,每个单位都有独立的音节形式,有一定的意义。如果再往下切分,就只能得到没有意义的音素了。可见,这十三个单位都是音义结合的最小单位,都是语素。

从上面的简单分析我们可以得到这样的基本认识:语素是语言里最小的、最基本的单位,语素的功能主要是构成词,不能充当造句材料,不能独立使用。

语素是语言符号系统中的最小单位,具有一定的语音形式和一定的意义。这两个方面在具体的语素中是统一的、不可分割的,就是说,每个语素都是一定的声音和一定的意义的结合体,缺少其中任何一个要素,就不是语素。例如"风"的语音形式是 fēng,意义是跟地面大致平行的流动的空气;"开"的语音形式是 kāi,意义是把关闭的东西打开。如果一个单位只有语音形式而没有意义,就不能独立构成语素。例如"猢""蝴"的语音形式是 hú,"琵""枇"的语音形式是 pí,但它们都没有意义,只是代表一个音节,因而都不是语素。不过,它们同别的音节组合起来,可以构成语素,例如"猢狲""蝴蝶""琵琶""枇杷"。

语素同音节和汉字有比较密切的关系,因为语素大多是单音节形式,书面上用一个汉字记录,三者之间有一种对应关系。一般而言,一个语素就是一个音节,一个汉字。但是语素、音节、汉字又属于不同的范畴,语素是语言单位,音节是语音单位,汉字是记录音节的书面符号,因此将三者结合起来看,就不是绝对的对应关系了。例如表示谷类植物去掉壳和皮的果实这个意义的语素,音节形式是 mǐ,用汉字"米"记录,独立地看,这个语素是一素一音一字,同音节、汉字是一种对应关系,但结合别的语素看,就不完全对应了。比如同样是 mǐ 这个音节,还有"米"(长度单位)、"靡""芈""弭""脒""敉"等语素,汉字也有好几个,而汉字"米"还代表了两个不同的语素。有些汉字单个没有意义,不能代表语素,只能成双成对出现,几个字共同代表一个语素,例如"玻璃""蜘蛛""琵琶""枇杷""妯娌""犹豫""踯躅"等,其中每个汉字都不代表意义,而是两个汉字表示一个语素。音译外来词借用汉字记录,这样的词语中的每个汉字也不能独立表示语素,例如"沙发""吉他""法兰西""德意志""俄罗斯""马来西亚"等。

语素可以从不同的角度来分类认识。从语音角度看,语素可分为单音节语素和多音节语素两类,如"虫"是单音节语素,"蜘蛛"是多音节语素。从功能角度看,语素可分为成词语素和非成词语素两类,成词语素是能独立构成一个词的语素,例如"人""看""书"就是成词语素;非成词语素是指不能像词那样独立使用的语素,只能用作构词材料,如"伟""趋""济""语"等。从语素同别的语素组合时的位置看,语素可分为定位语素和非定位语素两类。同别的语素组合时位置固定的语素是定位语素,如"非""阿""可"总是位于前面,"化""子""们"总是位于后面;同别的语素组合时位置不固定的语素就是非定位语素,如"地"同别的语素组合,可组合出"地理""地震""土地""大地"等,有时在前面,有时在后面,位置比较自由。通过语素的类别分析,有助于进一步认识语素的特点。

(二) 语素和词的区别与联系

语素和词是不同的概念,但在形式上又有容易混同的一面。

语素是最小的语音语义结合体,词是最小的能独立运用的语言单位,两者都是最小的语言单位,但却有本质的不同。语素和词的区别主要在于功能方面:语素的主要功能是构词,作构词的材料;词的主要功能是造句,充当各种句法成分。

从功能上看,语素和词最主要、最根本的区别在于能否独立运用,即是否能独立用作造句材料。语素是构成词的要素,不能直接用来造句,例如"语言是思想的直接现实",有十个语素,其中的语素"语""言""思""想""直""接""现""实"都是词的构成部分,而不是句子的成分。词则可以直接构成句子或短语,充当句法成分,例如"语言是思想的直接现实"中有"语言""是""思想""的""直接""现实"六个词,它们或充当句子成分,或充当短语成分,都具有造句功能。

语素中,有一类语素可以像词那样独立运用,我们称之为成词语素,这类语素能够独立运用,具有造句功能。不过,这类语素用作短语或句子成分时是词,用作构词成分时是语素,例如"春"是成词语素,在"春来了""盼春归"中是词,在"春天来了,春花开了"中是语素。成词语素可以说是语素与词两种语言单位在形式上的重合,从不同角度着眼,它们是不同的语言单位。至于非成词语素,根本就没有充当句子成分的能力,只能用作构词材料,例如

"式""标""荣""誉""容"等语素。语素同词的联系可以从功能和位置两个方面来认识：

从构词功能看，现代汉语语素同词的联系主要有三种情况。

第一，有的语素能独立成词，但不能同别的语素组合成词。这类语素，属于成词语素，大多没有什么实在意义，主要是构成表示某种语法关系的虚词。例如"的""地""得""着""了""过""吗""为""而""啊"这类语素。

第二，有的语素只能同别的语素组合成词，做专职的构词材料。这类语素都是非成词语素，只能充当词的构成要素。例如"语""酋""惠""特""湍""痕""疆"等。

第三，有的语素既能独立成词，又能同别的语素组合成词，具有词和语素的双重功能。这类具有双重功能的语素要占大多数。例如"电"，可以独立成词充当句子成分，又可以同其他语素一起构成像"电视""电影""电脑""电话""电报""电流""电灯""电表""阴电""阳电""急电""发电""闪电""雷电""放电"这样的词。

从构词时的位置看，语素有固定与灵活两种情况。

第一，构词时位置固定。构词时位置固定的语素主要是定位语素，这类语素在词中的位置是固定不变的，或者只出现在词的前面，或者只出现在词的后面。"老""可""非"等语素构词时位于词的前面，如"老师""可亲""非常"等词；"子""儿""头""们"等语素构词时位于词的后面，如"刀子""花儿""木头""人们"等词。这些构词位置固定的语素，意义都比较虚化，往往只表示某种抽象的意义，比如"家"指家庭，意义是比较实在的，但是在"画家""歌唱家""文学家""音乐家"一类词中意义就虚化了，笼统地表示从事某种专门活动的人。

第二,构词时位置灵活。构词时位置灵活的语素是非定位语素,它们同别的语素构成一个新的词时,既可以出现在词的前面,又可以出现在词的后面。例如语素"水",位于词的前面可以构成"水流""水平""水泡""水兵""水分""水粉"等词,位于词的后面可以构成"汗水""雨水""洒水""泉水"等词。又如语素"工"可以构成"工人""工厂""工农""工薪""工兵""工种""人工""木工""高工"等词,语素"目"可以构成"目的""目光""目标""目前""眉目""瞩目""醒目""夺目"等词。

总的来看,语素构词无论位置固定还是灵活,都表现出极强的活动能力,尤其是常用语素,构词能力相当强,像"门""面""民""目""木""定""电""地""道""水""气"等语素,都能构成数十、数百个词,比如"不"能构成词和成语三百多个,"人"能构成词和成语四百多个。语素的活动能力,超过了词的活动能力,而且语素的这种潜在的活动能力还在随着社会的发展不断被挖掘出来,构成新的词语组合。了解语素的这些特点,对于进一步认识词的构成特点和理解把握词的意义是非常重要的。

三 基本词和一般词

词是最小的能够独立运用的语言单位。词是由语素按一定方式构成的,具有固定的语音形式、明确的意义内容、独立的造句功能。词虽然和语素一样也是最小的语言单位,但是词可以作为造句的材料独立使用,而语素不能用来造句,只能用来构词。例如:

我们/伟大/的/祖国/十分/繁荣/富强。

这句话可以分成七个单位,每个单位都有固定的语音形式和确定的意义内容,其中的实词"我们""伟大""祖国""十分""繁荣""富强"都独立充当了句法成分,虚词"的"独立地表示语法结构关系。这七个单位都是词。

词可以从不同的角度来分类认识。这种分类其实并不复杂,就像我们观察一个人,可以从不同角度给他归类一样,比如说是男子,是青年人,是高个子,是中国人,是胖子,等等,通过这样的分类,这个人的特点我们就认识得比较全面了。给词分类也是一样的道理,便于我们进一步认识词的特点。

我们首先认识基本词和一般词。这是根据词的使用情况划分的类别。

语言中的词,有的使用频率很高,比如像"我""一""看""人""走"这样的词,人们无时无刻不在使用;有的词使用频率较低,例如"物理""公式""亮相""日头""苞米"等词,或者在某个行业使用,或者在某个地域使用。前者就是基本词,后者就是一般词。

(一) 基本词

基本词是全民广泛使用、日常交际必不可少、意义最为明确的那部分词,是构成整个语汇系统的基础,在语汇系统中处于核心地位。例如:

表示数量的词:一、二、三、四、百、千、万;

表示人体各部分名称的词:头、口、手、脚、脸、心、眼睛、耳朵;

表示亲属和社会关系的词:爸爸、妈妈、哥哥、姐姐、弟弟、妹妹、同志、老师;

表示动作行为的词:走、跑、站、坐、睡、看、听、想、唱、做、笑;

表示生活资料的词:锅、灶、刀、碗、油、盐、米、菜、衣服、桌子、凳子;

表示政治、经济、文化范畴的词:斗争、阶级、历史、工业、农业、歌曲、电视;

表示动物、植物的词:猪、牛、羊、马、鸡、狗、树、草、花、叶、苗;

表示自然界事物的词:山、水、土、云、雨、风、雷、雪、江、河、海、天;

表示事物现象的性质、状态的词:红、黄、黑、白、大、小、多、少、高、好、坏;

表示指代的词:你、我、他、她、我们、你们、他们、谁、什么、自己、这、那;

表示程度、范围、语气、语法关系的词:很、太、最、都、吗、呢、呀、的、得、向。

基本词具有普遍性、稳固性、能产性三个特点。

所谓普遍性,指基本词是人们日常交际中普遍使用的词,使用频率相当高。因为基本词表示的是社会生活中最基本、最常用的概念,与人们的日常生活密切相关,所以这些词在日常交际中就经常地、大量地使用着。基本词在语汇中最活跃,通行地域最广,在使用上不受阶级、职业、地域、年龄、性别、文化程度等的任何限制,使用非常普遍。

语言作为全民交际工具,本身就具有相对稳定性,基本词作为语言的基础、语汇的核心,稳定性特点更加突出。现代汉语中的许多基本词,已使用了数千年,至今其基本意义仍然没有变化,比如"人""手""山""水""一""红""树"这些词,就是如此。因为基本词所代表的客观事物或概念,在社会生活中占有极其重要的位置,是人们生活及意识当中最常接触到的,处于一种比较稳定的状态,所以使得语言中代表这些概念的词也相应地保持了稳定性。

基本词具有极强的构造新词的能力。有的基本词,同别的成分结合,能构成数百个词语,比如"人""地""热""电"之类的词,构造新词的能力都很强,如果你有兴趣去翻翻词典,做一番统计,你肯定会惊讶于基本词的强大的构词功能。学习一种语言,最主要的是要学会并掌握好基本词的运用,因为基本词是一种语言的基础。

(二) 一般词

一般词相对于基本词而言,是语汇中除去基本词以外的那部分词。一般词没有基本词的普遍性、稳固性、能产性特点,使用面比基本词狭窄得多,使用频率也要低得多,不像基本词那样广泛、普遍使用,能产性就更谈不上了。比如"逝世、辞世、殉职""华诞、诞辰、寿辰""母亲、家母、令堂"这三组词,文化层次低的人一般很少使用,即使文化水平较高的人,使用也要看场合、对象,不像"死""生日""妈妈"一类词那样普遍运用。又如像"台词""化合""间苗""司线员"一类词,使用上要受行业限制,一般人在一般情况下极少使用。一般词也不如基本词稳定,比较容易变化,有些词常常是昙花一现,使用不长就隐匿了。比如在 20 世纪 80 年代,人们常用"万元户"来称代有钱的人,而现在人们常用"大款""大腕""款爷"一类词来称呼,"万元户"一词很少使用了。

在语汇系统中,一般词要比基本词多得多,除了从古代汉语语汇中继承的一般词外,根据来源情况,现代汉语一般词还包括新词、古语词、方言词、外来词等。

新词 新词就是随着社会的发展而创造出来的代表新产品、新现象、新观念的词。由于社会生活是不断发展变化的,新的事物、现象、观念层出不穷,它们要进入语言,进入交际领域,就必须有相应的词来称呼,于是新词就应运而生了。例如近几年十分流行的"飘红""拍砖""点赞"等,就是记录社会新事物、新观念的新词,它们客观真实地记录了社会的发展变化,可以说是社会生活的一面镜子。新词不是个人主观随意创造出来的,它必须反映社会现实,与语言的交际需要相一致。也就是说,创造新词必须具有社会基础,具有语言基础,并且还要有明确的意义,这样的新词,才能为社会所接受。

古语词 古语词是产生、通行于古代而只在现代汉语书面语中使用的词语,现代口语中很少使用。例如"之""亦""矣""乎""尚且""会晤""宰相""太监"等。古语词具有独特的风格色彩,具有特殊的表达作用,可以丰富现代汉语同义词,能表达特殊的感情色彩,可以使语言简练。因此,适当吸收运用古语词,可以丰富现代汉语语汇。

方言词 方言词是从方言语汇中吸收到普通话语汇中的词。方言词一般只通行于某一个方言区,在社会发展过程中,由于社会经济的交融和人口的流动,一些通行较广的词就逐渐吸收到普通话语汇中来了。例如粤方言中的"炒鱿鱼"、吴方言中的"尴尬"、台港话中的"创意""直销""心态""认同",运用都比较广泛。有的方言词形象生动,表现力强,或者所代表的意义普通话语汇中没有相应的词替代,而这些词使用又比较广,有相当大的影响,因此就为普通话语汇所吸收了。如"歹毒""窝囊""瘪三""荔枝""橄榄"等。

外来词 外来词是从其他民族语言中吸收进来的词。汉语吸收外来词有悠久的历史,在汉唐时代,汉族人民在与其他民族进行经济文化交往的过程中,就从这些民族的语言中吸收了不少词,例如"狮子""葡萄""琵琶""塔""佛""和尚""菩萨"等,由于年代久远,这些词已完全融入汉语之中,看起来已经不像外来词了。近百年来吸收的外来词更多,如"坦克""沙发""吉他""芭蕾""冰淇淋""可口可乐""苏维埃"等。而 CD、VCD、DVD、MTV、KTV、CPU 等以英文字母形式出现的词,也得到了广泛的运用,这在一定程度上反映了我们国家经济、文化的开放。不过大量使用外语字母形式的词,会给我们的民族语言带来一定的负面影响,不符合现代汉语规范要求。特别是现在网络交际中外语词的简化形式特别多,我们应注意少使用这样的词语,例如用 CU 表示 see you,用 3Q 表示 thank you 等,一般人很难看懂。

四　单纯词和合成词

前面介绍的基本词和一般词,是根据词语在社会的使用情况划分的,经常使用,就是基本词,使用频率低,就是一般词。单纯词与合成词又是从另外一个角度划分的,是看这个词本身的结构特点来划分的类别。

词以语素作为构成材料,在语素的基础上构成。任意拿一个句子的词来分析,我们会发现,语素构成词的情况不完全一样,内部结构成分不同,有的词由一个语素构成,有的词由多个语素构成。例如:

今天上午我们要去看电影。

这句话由"今天""上午""我们""要""去""看""电影"七个词组成,其中"要""去""看"三个词由一个语素构成,"今天""上午""我们""电影"四个词都是由两个语素构成。

根据词的内部结构成分的不同,我们可以把词分为单纯词与合成词两类来认识。

单纯词是由一个语素构成的词。根据与音节的联系又可以分为单音节单纯词与多音节单纯词两类。

单音节单纯词是由一个单音节语素构成的词。例如：

杀 山 人 手 脸 打 叫 脚 走 看
向 回 想 哭 水 天 树 书 田 吗

多音节单纯词是由一个多音节语素构成的词，数量比单音节单纯词要少，主要有联绵词、音译词、叠音词、象声词、感叹词五类。例如：

①联绵词：忐忑　参差　琵琶　吩咐　拮据
②音译词：卢布　吉他　卡通　坦克　埃及
③叠音词：沉沉　缓缓　匆匆　渐渐　茫茫
④象声词：啪啪　哗啦　噼啪　啪啦　咚咚
⑤感叹词：哎呀　啊呀　哎哟　哎嘿　哟嗬

合成词是由两个以上的语素按照一定方式组合构成的词。语素同语素组成合成词，相互之间有一定的语法关系，离不开语法基础。例如：

路线　团结　汲取　进步　友爱　人民
规律　认识　行为　科学　技术　生产
动作　桌子　电视　电脑　研究　思考

合成词包括组合式和附加式两类。组合式合成词是由几个不定位语素构成的，比如"高兴""工人""说明""打败""吹牛""地震"就是组合式。附加式合成词是由一个定位语素和一个不定位的语素构成的，例如"老鼠""阿哥""可爱""凳子""弹性""画家"

"作者""绿化"等。附加式合成词中的定位语素其实不难理解,它们的位置是固定的,意义比较虚,例如"老鼠"的"老"不同于"老年"的"老","绿化"的"化"也不同于"火化"的"化"。

古代汉语以单纯词为主,现代汉语以合成词为主。词由单纯词向合成词发展,这是汉语语汇发展的一大特点。所以当我们把文言文翻译成现代白话文时,篇幅要长得多。例如:

①文言文:梅以曲为贵。
　白话文:梅花以弯曲为珍贵。
②文言文:目不能两视而明,耳不能两听而聪。
　白话文:眼睛不能同时看两种东西而又看得明白,耳朵不能同时听两种声音而又听得清楚。
③文言文:锲而舍之,朽木不折;锲而不舍,金石可镂。
　白话文:雕刻而放弃它,腐朽的木头也不能折断;雕刻而不放弃,金属一般硬的石头也可以雕刻。

上面三例文言文中的词,都是单纯词,翻译成现代白话文后,大多数词都用合成词代替了,如"目"换成"眼睛","明"换成明白,"木"换成"木头"。

语言是随社会的发展而发展的,社会中的新事物、现象、观念不断产生,相应的新词语也不断涌现。由于语言中的音节数量是有限的,如果仍然用单音节形式的单纯词来记录这些新词,势必会造成大量的同音词,影响交际运用。因此,汉语语汇从单纯词向合成词发展,可以说是必然的趋势。这样解决了语音形式和语义内容的矛盾,把大量的同音词区别开来,更加便于运用,而且用几个语素构成合成词,把多义词的不同义项区别开来,可以更好地理解词义,避免造成歧义,引起误解。例如"密"有"隐藏""封闭""稠"

"谨慎""友好"等多项意义,使用时容易造成歧义,现代汉语用合成词"秘密""密闭""稠密""缜密""亲密"等词语表示,由于有另一个语素意义的限制,就把"密"的多项意义区别开了,理解起来也要容易得多。

语素构成合成词,是按照一定的规则构成的。同样两个语素,构成一个词,语素位置不同,相互之间的关系不同,那么意义就不一样,并不是语素相同,词义就一样,例如"白雪"和"雪白"、"语言"和"言语"。关于这个问题,我们在语法部分给大家介绍,这里只要知道单纯词与合成词的区分就可以了。

五　单音节词和多音节词

每个词都有特定的语音形式,这样这个词才能存在,为我们感知并使用。有内容没有形式的东西只能是概念,不是语言的单位,不是词。那么普通话词语在语音方面有什么样的特点呢?我们可以进一步认识。从语音角度,我们把词语分为单音节词和双音节词两类。

单音节词是由一个音节构成的词,也包括书面上用两个汉字记录的儿化词。例如:

天　花　红　人　水　大　鸡　万　土　山
书　树　会　羊　牛　马　小　上　香　流
棍儿　把儿　弯儿　圈儿　面儿　子儿　盆儿

古代汉语语汇中单音节词占绝对优势地位,两个音节以上的词较少。拿一篇文言文和现代白话文对照,就可以看到古今汉语语汇在音节方面的不同特点。

现代汉语语汇中的词大多数是合成词,而合成词由两个以上语素构成,反映在语音上,单音节词自然就少多了。所以现代汉语语汇中的单音节词数量较少,约占词语总数的10%。常用动词多数是单音节词,口语中尤为突出,例如"走""看""跳""跑""听""说""读""写""打"等。表示各种语法关系的虚词,如助词、介词、连词、语气词等等,也多是单音节词。现代汉语语汇中的新词,大多是多音节形式的。新词而采用单音节形式,主要是一些表示化学元素的词语,如"氢""氧""氦""氨""碳""碘""硫""硒""钙""铥""钚""锑""锗""酞""酮""酶""醛""炔""烃""烯""烷""焓"等,其他单音节新词极少见。

现代汉语中的单音节词大多是从古代汉语单音节词发展而来的,由于它们反映的是一些最基本的事物、行为和现象,因而能长期沿用下来,并处于比较稳定的状态。单音节词由于历史久远,使用频率很高,在长期使用的过程中又不断地滋生出新的意义,所以大多数单音节词都负载有丰富的语义信息,是现代汉语多义词中的主体。

多音节词是指由两个以上音节构成的词。同单音节词相比,多音节词在现代汉语语汇中占绝对优势的地位。根据音节的多少,多音节词又可分为双音节词、三音节词、四音节词等类别。双音节词是现代汉语语汇的基本形式,约占整个现代汉语语汇的85%。词的双音节化倾向在现代汉语中还有进一步发展的趋势,成为汉语语汇发展的一大特点。古代汉语语汇中的许多单音节词,到现代汉语中已增加音节,发展成为双音节词。例如:

习:练习　　学:学习　　肤:皮肤　　亡:死亡

齿:牙齿　　耳:耳朵　　虎:老虎　　龟:乌龟

鹰:老鹰　　雀:麻雀　　蝇:苍蝇　　雁:大雁

现代汉语词的双音节特点,解决了语音形式和词义内容的矛盾,使词义更加明确,而且双音节词形式匀称、平稳,具有整齐、和谐的美感,符合汉民族使用语言的习惯和心理。这样,双音节词既解决了音义矛盾,使词义显豁,又符合语言运用简便经济的要求,因而得到了很大的发展,成为现代汉语词的主要形式。

三音节词比较类型化的词有两种。一种是在双音节词基础上加一个单音节语素构成,如"性""队""感""热""族""力""界""家"等,这些语素构词时逐渐趋向于定位。例如:"纪律性""思想性""可能性""工作队""宣传队""优越感""自豪感""责任感""旅游热""工薪族""追星族""免疫力""感染力""教育界""影视界"。另一种是在单音节词基础上加一个双音节定位语素,构成一个形象生动、具有程度加深意义的形容词。例如:"闹哄哄""乱糟糟""水淋淋""红艳艳""绿油油""白花花""黑漆漆""雄赳赳""急匆匆""喘吁吁""乐滋滋""甜蜜蜜"等。

四音节词如:"希望工程""遗传工程""人造卫星""宇宙飞船""超级市场""马列主义""个人主义""知识分子""积极分子""社会关系""罗马尼亚""奥林匹克"等。

现代汉语语汇中五个音节以上的词很少,主要是一些音译外来词,例如"加利福尼亚""阿尔及利亚""布加勒斯特""英特耐雄纳尔""陀思妥耶夫斯基""布宜诺斯艾利斯"等。

总的来看,在多音节词中,双音节词和三音节词占绝大多数;四音节以上的词很少,可以说达到了汉语词形长度的极限;译音词的音节数量是由原词语音形式决定的,所以不能代表汉语的词形特点。从普遍性看,现代汉语的词以双音节为主要形式,三音节词也有一定的发展趋势,四音节以上的词很少,汉民族也不习惯用四个以上的音节来表达一个单纯的意义。因此,一个四音节以上的单位,人们往往要采取压缩音节的办法,使之回缩到双音节形式上去。例如"外交部部长→外长""彩色照片→彩照""彩色电视机→彩电""心理状态→心态"等。

单音节词与多音节词在语句中各有特点。在使用上,单音节词往往要受到限制,不如多音节词自由。如表示姓名、地名、数目的词,单音节的一般要扩展为双音节形式才便于运用。例如回答"姓什么",单音节的姓氏一定要加上"姓",如"姓刘""姓张";双音节的可以不加,直接用姓氏回答即可,如"欧阳""司马"。称呼别人,名字是双音节的可以直呼其名,以示亲近,如"雨真""志强",单音节的名字一般要加上姓氏,不能单独称呼,除非是非常亲近的关系。又如地名,单音节的后面一定要加上类名,如"法国""美国",双音节的则不必加类名,如"巴西""智利""波兰"等,只有表示并举,单音节词方可单用,例如"中美关系""英法联军""印巴局势"等。

有些双音节词,在使用上有一定要求,只与双音节词配合运用,不能与单音节词搭配。例如:

讨论→问题、方案、计划、半天
禁止→喧哗、攀登、通行、赌博
停止→战斗、比赛、休息、供应
亲自→动手、打扫、过问、参加
百般→劝解、挑剔、阻挠、解释
大力→支持、推广、提倡、宣传
日益→发展、壮大、兴旺、萧条
予以→通报、批评、表扬、支持

双音节是现代汉语中占优势地位的基本语音段落和主要的节

奏倾向,所以在词的搭配上对语音形式就有所选择,以使节奏均衡平稳,语句匀整和谐。上面列举的八个双音节词,如果后面配上单音节词,如"禁止赌""百般劝""亲自问""日益旺",念起来十分拗口,语句节奏的和谐美感就没有了。

因此,运用词语组织句子,要充分注意词的语音上的特点,尤其是整句形式的句子,如对偶句、排比句等,前后句之间的音节应匀称一致,互相呼应。从音节的配合上看,词语如全是双音节的,语音形式则流于呆板,缺少变化,只有将单音节词、多音节词配合使用,使语句生动流畅,富有节奏感,才能收到更好的表达效果。所以选择运用词语,要注意各种音节的词的巧妙配合,形成明快的节奏、整齐和谐的旋律,从而增强语句的音乐性,增强语句的感染力,丰富词语的表现力。下面几例,就充分注意了音节的配合,语句音节十分匀称,读起来句句顺口,听起来声声悦耳,极富感染力,表达效果极好:

①我终于还不知道分别铜和银;还不知道分别布和绸;还不知道分别官和民;还不知道分别主和奴;还不知道……

②春江融融,柳絮如雪,鹦鹉洲前,又是一年芳草绿,黄鹤楼下,依然十里桃花红。

③我含泪伫立橘子洲头,漫步湘江两岸,回清水塘,登岳麓山,徘徊板仓小径,依恋韶山故园……

④烈火映红了长江,映红了安源,映红了井冈,映红了陕北、华北、中原、江南。

这里举的例子,都是散文中的,诗词中更要注意音节的配合使用,特别是一些表示对仗的诗句,对于词语的音节形式有着严格的要求。除了前后句子、短语之间要讲究音节的匀称配合外,一个句子内部,使用词语也要注意音节的协调一致,这样句子的节奏才平稳,念起来才上口。比如下面几例,词语的音节配合就不匀称,读起来很别扭:

①天上一弯月,地上灯万盏。
②本村百分之九十的户都有电视。
③这样教学的结果,造成了学生的高分低能力。
④我们应该为祖国作出大贡献。

例①前后句音节形式不对应,破坏了节奏,宜将"一弯月"改为"月一弯"。例②单音节词"户"不顺口,可改为"家庭"。例③短语前后音节不匀称,有倾斜感,可将"分"改为"分数",或将"能力"改为"能"。例④在众多双音节词中夹了一个单音节词"大",前后显得极不协调,可改为"更大"或"较大"。

单音节词与多音节词是从语音角度划分的词语类别,单纯词与合成词是从构词成分角度划分的词语类别,由于划分角度不同,二者之间没有相互对应的关系。一般而言,单音节词都是单纯词,但单纯词不都是单音节词,因为有些构成单纯词的语素是个多音节语素,如"沙发""吉他"等;同样,合成词一般是多音节词,但多音节词不一定就是合成词,因为有些多音节词是一个语素构成的单纯词,如"沙发""吉他"之类。所以学习这两类词要注意划分角度,不能混同。

六 什么是词义

词义就是一个词所代表的意义。任何一个词,作为语言符号系统的一个单位,都是语音和语义的结合体,即既有一定的语音形式,又有一定的语义内容。与词的语音形式相对的,固定在一个词中的意义内容,就是词义。例如"眼馋"这个词,语音形式是"yǎnchán",意义是"看见自己喜爱的事物,极想得到"。又如"联袂",语音形式是"liánmèi",意义是"手拉着手,一同(来、去等)"。每一个词都有着特定的意义,只不过有的词义项多,有的词义项少,有的词意义抽象,有的词意义实在,如此而已。词义是一个词得以存在的基础,没有意义的词是不存在的。

从产生根源看,词义是人们对词所反映的客观事物的本质属性的概括,是客观对象在人的意识中的反映,是人们认识活动的成果。在长期的社会实践中,人们通过各种感觉器官感知客观事物或现象,经过大脑的综合加工分析,概括出其本质属性,形成概念,并用一定的语音形式记录下来,于是就形成了词义。可见,词义是表达概念的,概念是形成词义的基础,二者有非常密切的关系。

但是,词义并不等同于概念,词义属于语言学范畴,概念属于逻辑学范畴,因此它们是有区别的。词义和概念的区别还可以从以下两个方面来认识。

第一,词义比概念包含的内容要广得多。词义的内容可分为理性意义和附加意义两部分。理性意义是词义的核心,它概括反映事物的本质特征;附加意义是词义中除去理性意义以外的、表示主观评价的那部分意义,如语体色彩、感情色彩、形象色彩等。而概念只有理性意义,没有附加意义。例如"妈妈"和"母亲"两个词,反映的是同一个概念,理性意义相同,但附加意义不同,"妈妈"具有口语色彩,"母亲"具有书面语色彩。又如"团结"和"勾结"两个词,基本意义是指不同的力量为了某种目的联合起来这一概念,理性意义相同,但是附加意义不同,"团结"具有褒义色彩,"勾结"具有贬义色彩。运用这些词,既要看场合,也要分清对象,不能随便混用。比如"妈妈"一般用于口语,"母亲"用于书面语,而且母亲还可以用于比较庄重的场合,表示某种抽象的意义,如我们常说"祖国是我们的母亲""失败是成功之母",而"妈妈"一般就不能这样使用。

　　第二,词义具有文化色彩。语言是文化的载体,语言本身又是一种文化,蕴含着极其丰富的文化内涵,这在语汇中反映最直接、最突出,也最广泛,因此词义具有十分浓厚的文化色彩。正确理解和运用词语,首先要弄清楚一个词的文化内涵,而不仅仅是把握其理性意义。比如"鸳鸯",理性意义是指一种比野鸭小、雌雄成对生活在水边的鸟,汉民族用它比喻夫妻。又如"狐狸",指外形似狼、面部较长的一种哺乳动物,汉民族常用它比喻阴险、狡猾的人,所以汉语中同狐狸有关的词语,绝大多数都是具有贬义色彩的词。而概念,作为人类认识的共同成果,是没有这种文化内涵的。又如表示色彩的词,"白"在汉民族语言中有丧事、表示反动这样的文化含义,而在西方表示纯净,所以婚纱是白色的,而汉民族丧服才是白色的。

　　第三,词义和概念不相对应。词义和概念之间没有对应关系,不是一个词的意义对应一个概念。一个概念可以用一个词表达,也可以用几个词的意义联系起来表达,例如"祖国"和"自己的国家","祖母"和"父亲的母亲",词和短语,表达的是同一个概念。同时,同一个概念,还可以用好几个不同的词来表达,例如汉语中表示"失去生命"这一个概念,就有"死""死亡""逝世""辞世""过世""殉职""就义""牺牲""完蛋""呜呼哀哉""蹬腿"等词,这些词表达同一个概念,是一组同义词。又如"看""瞅""瞧""望",都表示相同的概念,也是一组同义词。

　　词义具有客观性、概括性、模糊性三个特点。

　　词义来源于客观现实,是客观对象在人们主观意识中的反映。

客观事物和现象是词义形成的基础,正因为客观世界中有山、有水、有树、有草、有牛、有羊,相应地才有"山""水""树""草""牛""羊"这类词的意义。任何一个词的意义,都不是凭空产生的,而是客观作用于主观的结果。有些词反映的是客观世界所不具有的事物,也仍然有其客观性,如文学作品中虚构的人物、事件、场景等,来源于客观现实生活,有一定的客观依据。至于像"鬼""阎王""天堂"一类表示神怪的词,它们的意义同样具有客观基础,只不过这些词义是对现实歪曲的、错误的认识而已。可见,词义是具有客观性特点的。

词义是对客观事物、现象的本质属性的概括反映,是人类抽象思维的成果,因而具有概括性特点。词义反映的是客观事物、现象的共同特点,舍弃了个别事物的具体特征,例如"树"的词义是"木本植物的总称",这个定义就将自然界各种各样具体的树的特征作了概括,舍弃了具体的树的特点,使"树"同"草""藤"之类的植物区别开来。又如"水果"这个词的意义,指"能吃的含水分较多的植物果实的总称",它舍弃了个别水果如"桃子""苹果""西瓜"之类的具体特征,而是对所有水果的共同特征的概括。

词义还具有模糊性特点。由于人们对客观事物的边界、状态的认识有一定的局限,具有不确定性,因而人类在认识活动中形成的概念,其外延往往是不固定的,没有明确的界限,反映在词义上,就是词义的模糊性。例如"高"与"矮"、"深"与"浅"、"大"与"小"、"多"与"少"、"咸"与"淡"这几组词的意义,它们的义界是不清晰的,都具有相对性,没有绝对的标准。由于这些词的义界的划分没有一个客观标准,加之不同的人对不同的事物又有不同的评判态度,所以这些词的外延就难以明确划分出来,它们的意义就具有模糊性质。

词是由语素构成的,有的由一个语素构成,有的由多个语素构成,但无论哪种情况,词义与语素义都有比较密切的关系,一个词选定某一个或几个语素做它的构成材料,其基本依据就是语素本身所具有的意义与词的意义之间的联系。例如"水"在"水坝""水泵""水表""水彩""水池""水稻""水利""汗水""脱水""茶水""跳水"等词中的意义,"山"在"山城""山峰""山川""山丘""山洪""山色""矿山""江山""刀山""雪山"等词中的意义,与词义都有着非常密切的联系,为词的构成贡献了自己的意义。

不过,词和语素毕竟是不同层级的语言单位,意义上不可能简单等同。一般地说,单纯词由一个语素构成,这个语素的意义就是词的意义。合成词由几个语素组合而成,但是合成词的意义不是几个构词语素的意义的简单相加,而是互相融合,构成一个词的意义。例如"白菜"不是白色的菜,"黄瓜"不是黄色的瓜,"轮船"不是有轮子的船,"眼红"不是眼睛红了。合成词的意义同语素义的联系情况比较复杂:有的语素意义与合成词的意义一致,如"明亮""忧愁"等;有的语素意义在合成词中消失了,如"国家"中的"家","人物"中的"物","老虎"中的"老"等;有的语素在合成词中已看不出意义联系了,例如"领袖"指领导人,"不惑"指四十岁,"东床"指女婿,"泰山"指岳父,"香花"指有益的文艺作品,等等。

由于词义的发展变化,或词所代表的事物发生了变化,许多合成词的意义同语素义不一致,语素义与词义之间看不出直接联系,看不出构词的理据了。比如"轮船",最初的轮船外面是有轮子的,语素义与词义联系紧密,现在的轮船已经没有轮子了,语素"轮"的意义与词义的联系就看不出来了,其作用是作为与"渔船""木船""帆船""驳船"一类词相区别的符号。因此,理解这些词语的意义,不能凭构词语素的意义来推测,而必须查检词典,结合语句推敲,才能正确把握。尤其是一些新词,如果主观臆测,望文生义,就会弄错,闹出笑话来。

一个词的意义是固定的,但是在具体运用中又是千变万化的,需要结合环境来理解认识。例如"哪里"是疑问代词,但是听到别人赞扬,说"哪里哪里",绝对不是反问什么地方,而是表示自谦的意思。又如"意思"在下列句子中,完全超越了词典的意义:

甲:感谢关照啊,一点小意思!
乙:你这是什么意思?
甲:不好意思,你帮了大忙,我必须意思意思!
乙:你这样见外可不够意思!
甲:其实也没有别的意思。
乙:那我就不好意思了!

七　单义词和多义词

一个词在刚刚创造出来时,往往都只有一项意义。在语汇的发展过程中,有的词仍然只有一项意义,没有发展出新的意义;有的词则在原有意义的基础上派生出了多项意义,出现了一词多义现象。从所拥有的意义多少看,词可以分为单义词和多义词两类。

单义词是只有一项意义的词。单义词主要有以下一些类别:

常见事物的名称:衣服　桌子　钢笔　电视　茶几　文具
专有名称:北京　上海　台湾　香港　鲁迅
科学术语:压强　化合　元素　血压　外科　氧化

新词由于刚进入交际领域,词义没有辗转引申发展,一般都是单义词,例如"导购""小资""网民""春晚"等。

多义词是具有几项互有联系的意义的词。多义词都是由单义词发展而来的。在多义词中,有一项意义是本义,也就是一个词最初所具有的意义,它是多义词各项意义发展的源头。多义词中除本义以外的各项意义,因为都是在本义的基础上派生发展起来的,因而称之为派生义。例如"日"的本义是指太阳,在本义基础上产生出了四项派生意义:

①白天:夜以继日;
②天、一昼夜:一个星期有七日;
③每天:日产电视一千台;
④时候:来日方长。

又如"口"的本义是指"人或动物进食的器官",在此基础上又派生出下面六项意义:

①容器通外面的部分:碗口、瓶口;
②出入通过的地方:关口、大门口;
③破裂的地方:衣服被划破了一道口;
④锋刃:刀还没有开口;
⑤骡马等的年龄:这匹马口还轻;
⑥量词:三口人,两口锅。

一个词从单义派生发展到多义,这是人们创造性地使用语言的结果。在长期的语言实践过程中,人们根据表义需要,通过各种方式、手段,把一个词同多种客观对象联系起来。当这种联系由偶然、暂时变为经常、固定时,一个词就在原来意义的基础上派生出了新的意义。从派生义和本义的关系看,词义派生发展的方式有直接引申、比喻引申、借代引申三种。例如"老",本义是指"年岁大",后来人们又用来指称年岁大的人,并且长期这样使用,于是

"老"就获得了"老年人"这项意义,如"尊老爱幼",由于派生义是直接在本义上发展起来的,这种方式就是直接引申。又如"迷雾"本义是"浓厚的雾",由于迷雾常妨碍人看东西,人们就用来比喻使人迷失方向、脱离实际的事物,开始是偶尔使用,后来这种用法固定下来,于是"迷雾"一词就有了新的意义。这种通过比喻方式产生新义的方式就是比喻引申。同样,通过借代用法也能使词产生新的意义,例如"干戈"本义是古代的两种兵器,由于战争都要使用兵器,于是后来人们就用"干戈"指代战争。

多义词虽然具有多项意义,但在具体语句中只使用其中一项意义,而不是几项意义同时出现在一个句子中。这是因为,句子与特定的语境有着密切的联系,加之语句中又有前后词语意义的限制,所以多义词在具体语境中都变成了单义词,只有在不同的语句中,才表示出不同的意义。交际中,说听双方都能根据语境对多义词的意义进行筛选,把其中同语境相符的一项意义保留下来,把同语句内容无关的其他各项意义排除在外。所以在一般情况下,多义词不会产生歧义,不会引起听话人的误解。比如"死"有多项意义,但在下列各个句子中,就只有一项意义:

①有的人已经死了,可是他还活着。(失去生命)
②那是一条死胡同,过不去。(不能通过)
③听到这个消息,我简直高兴死了!(表示到达极点)
④他这个人是死脑筋,转不过弯来。(固定、死板、不灵活)
⑤他们两个人可真是死对头。(不可调和)
⑥这个人极好面子,所以输了也死不认输。(至死,表示坚决)
⑦你们一定要把阵地死守住,不让敌人逃走。(不顾生命,拼死)

当然,如果多义词运用不当,在句子中的意义不明确,便会造成歧义,使别人无法准确把握句子意义,甚至产生误解,影响交际。例如:

①他的包袱可真是不轻啊!
②这个人又上台了。
③我过去看了。
④他确实有功夫。

上面四个例句中的多义词,意义不明确,无法结合前后词语确定具体使用的是哪一项意义,因而可作多种理解,形成歧义。例①中的"包袱",有"包裹、包东西的布"和"影响思想和行动的负担"两种含义。例②中的"上台"有"到舞台或讲台上去"和"出任官职或掌权"两种含义。例③中的"过去"有"以前"和"走过去"两种含义。例④中的"功夫"有"时间"和"武功"两种含义。这些多义词的各项意义在句子中都讲得通,作为听话人,就难以准确把握到底使用的是哪一项意义。

可见,由多义词造成的歧义句,妨碍语句意义的正确理解,影响正常的语言交际,具有消极作用,因此运用语言要注意避免。

八 同义词和反义词

(一) 同义词

同义词是指意义相同或相近的一组词。语言中有许多词,表达的概念意义基本相同,但在附加意义、使用功能等方面有一些细微的差别,这样的一些词就构成了同义词。例如:

忧愁——悲愁　事情——事件　高兴——快乐
边境——边疆　激烈——猛烈　美丽——漂亮

同义词是语言中的普遍现象,是语汇丰富发达的标志。汉语是世界上最古老的语言之一,它在长期发展过程中,形成了相当丰富的同义词,同一对象,往往有几个甚至几十个同义词来表示。丰富多彩的同义词,为人们运用语言提供了选择的广阔天地,为人们区分客观事物的细微差别、表达细腻的感情和丰富表义手段提供了语汇基础。正确选用同义词,对于语言表达的准确、生动具有十分重要的作用。

同义词可分为等义同义词和近义同义词两类。我们这里主要是指近义词。近义词指称的现象相近或相似,在理性意义、风格色彩、使用功能方面有种种细微差异,在应用上不能任意替换。例如"儿童"与"孩子",在"奶孩子""我的孩子",不能用"儿童"代替"孩子";在"六一儿童节""儿童是祖国的未来"中,不能用"孩子"代替"儿童"。这是因为,"孩子"具有口语色彩,在口语中使用显得亲切、自然;"儿童"是书面语词,具有庄重、严肃的意味,所以两个词不能用反了。语汇中大量存在的同义词,主要是近义词,它们在语言表达中具有非常积极的作用,可以使表达严密、细致,避免用词重复,使语言富于变化,还可以加强语势、语气,调节语言的色彩。因此,近义词是我们学习研究的对象。

同义词在语言表达中具有十分重要的作用,比如使表义细致严密,使语义委婉,避免用词单调呆板等,适应了交际的需要,因此使用中要注意其意义差别。同义词之间的差别是多方面的,归纳起来,主要是概念意义不同、附加意义不同、使用功能不同,因此辨析同义词的区别,可从这三个方面进行。

1. 概念意义的差别

(1) 范围大小不同

范围大小有区别的同义词,指称的都是同一事物现象,但所代表的概念外延有大小之分,有些同义词的意义范围有包含和被包含的关系,有些同义词有指称个别、具体与指称集体、概括的差别。例如"局面—场面""支援—声援""事情—事件—事故"这三组同义词,前一个词指称的范围就比后面词的范围大。

(2)词义轻重不同

词义轻重不同是指一组同义词的意义在程度上有高低、强弱、轻重之分。例如"爱惜"和"珍惜",基本意义都一样,但"爱惜"只是一般性的重视,"珍惜"含有像爱护珍宝那样爱惜的意味,词义较"爱惜"要重。

(3)词义着重点不同

词义着重点是对所指称的事物对象的特点、性质、状态或动作行为的方式、方法、方向、结果等方面的突出强调,它对细致分辨事物现象的差异具有十分重要的作用。这类同义词,结构上往往都有一个相同的语素,表示意义的共同点;不同的语素,正好体现了词义的着重点,正是同义词意义差别所在。例如"制造"和"创造",二者的共同点都是制作,但"制造"着重点是"制",是一般性的制作,"创造"的着重点是"创",着重指创新制作。又如同样表示向远处看,"凝望"着重指聚精会神地看,"观望"指四下张望,"仰望"指抬头向上看,"展望"指对前景的预测。

(4)适用对象不同

有些同义词,适用对象有上下、内外之别,有长幼、性别之分,选用哪个词语要看说听双方的身份、地位而定。例如"爱戴"用于对上级、长辈,"爱护"用于对下级、晚辈。同样称呼别人的父母、子女等,"令尊""令堂""令爱""虎子"等只能用于指听话人亲属。又如同样表示年龄,"年纪""岁数"用于一般人,"高寿""贵庚"适用于老年人。汉语中有许多词语,专门适用于女性。例如"芳名"

"芳心""芳龄""玉体""玉照""丰满""秀丽""粉面""香腮"等。汉语中的敬辞与谦辞,就各有不同的使用对象和运用要求,不能随意乱用,例如敬辞"令尊"相当于说"你尊敬的父亲",因此不能说"你的令尊",而且只能用于第二人称当面称呼,表示对当事人的敬重,不用于第三人称,例如不能说"他令尊""宋江的令尊"。

这些同义词,一般情况下要分清对象使用。在日常交际中,出于某种修辞目的需要,也可以适当活用,如把"玉照""玉体"用于男性,把"贵庚"用于年岁不太大的人,会收到幽默的效果,可以活跃气氛。但使用要分清场合、对象,使人能够领会、理解,否则,就收不到应有的表达效果,反而给人以油嘴滑舌之感,那就适得其反了。

2. 附加意义的差别

(1) 感情色彩不同

感情色彩是词义中表示人的主观评价的色彩,是人们对客观事物所采取的主观态度。有些词含有肯定、赞许、喜爱的色彩,叫褒义词;有些词含有否定、贬斥、厌恶的色彩,叫贬义词;有些词没有明显的褒贬色彩,是中性词。基本意义相同而感情色彩不同的一组词,形成同义关系。例如"鼓动""发动""煽动"三个词,基本意义都是促使他人行动起来,但"鼓动"指激发推动,是褒义词,"发动"是指使别人开始行动,是中性词,"煽动"指挑动、指使别人做坏事,是贬义词。

有些词的感情色彩是固定的,褒贬色彩十分突出,或用于正面,或用于反面,不能混淆。例如"团结""鼓动""聪明"等是褒义词,用于正面人物;"勾结""煽动""狡猾"等是贬义词,用于反面人物。有些词没有褒贬色彩之分,但有不同的使用对象,在特定的语境中使用,也就有了感情色彩。例如"爪子""肥"一般用于指动物,是中性的,用来写人,则带有某种贬义的色彩。

　　褒义与贬义的含义包括的范围实际上是比较广的,并不仅仅局限于我们日常所理解的褒和贬两个方面,像羡慕、赞扬、爱戴、崇敬、亲昵等都属于褒义范围,像愤恨、憎恶、讽刺、鄙视、轻蔑、呵斥等都属于贬义范围。语言中类似于这些表达感情色彩的词语,其意义往往都有褒贬之分。前文提到的"聪明"和"狡猾",其词义无关智力,而是关乎道德评价,也就是褒贬色彩不同。

　　运用词语,注意词的感情色彩的调配,不但可以鲜明地表现出个人爱憎好恶的感情、肯定或否定的态度,而且也有助于密切说听双方的关系,使听话人能根据词的色彩快速预测,领会语句内容。例如说"这位……"时,听话人就能预测出整个语句表示的是赞赏性内容,说"这伙……"或"这帮……"时,听话人就能预测出整个语句所表示的是鄙视性内容。因此,对词的褒义、贬义色彩必须搞清楚,才能正确运用。如果褒贬运用不当,就会使语义变得含混、模糊,引起误解,收不到应有的表达效果。如:

　　　①他办事十分武断,深得群众拥护。
　　　②贩毒分子已落入我人民警察设下的陷阱。
　　　③他扬言要继续为我国的教育事业作出贡献。
　　　④歌颂光明,诽谤黑暗。

例①中的"武断"是贬义词,从后一句看应用褒义词"果断",原词的运用使句子前后感情色彩互相矛盾,使得句义肯定、否定的态度变模糊了。例②中的"陷阱"是比喻害人的圈套,是贬义词,应改用中性词"埋伏"。例③中的"扬言"指故意说出某种话宣称要采取某种行动,有贬义色彩,应改用"表示""说"之类的中性词。例④中的"诽谤"指毫无根据地乱说,是贬义词,应改用中性词"批判"。

(2)语体色彩不同

由于经常使用的场合不同,词就附加上了不同的语体色彩。有些词经常用于口头交际,具有口语色彩,有些词经常用于书面语,具有书面语体色彩,于是就形成了语体色彩有差别的同义词。例如:

口　语:爸爸　聊天　点头　麻利　清晨　合计
书面语:父亲　会谈　领首　敏捷　黎明　磋商

看到上面的例子,你会想到本章开始的问题:"爸爸"和"父亲"那个亲?其实它们一样亲,只不过是风格色彩不同罢了。

同义词在语体风格方面的差异是多种多样的,主要是普通用语与一些特殊领域用语不同,如"乾坤""年华""思绪""情怀""驰骋""绮丽"等是文艺作品用语,与之相应的"天地""年头""思想""感情""奔跑""美丽"是一般用语;"氧""氢""气体""银""叶""花蕾"用于专业性文章,"氧气""氢气""空气""银子""叶子""花骨朵"用于一般口语。

具有不同语体色彩的词,风格特点不一样,使用环境也有所区别。口语词生动活泼,生活气息浓厚,多用于口头交际,如"嚷""搡""冷""老伴儿"之类;书面语具有庄重、文雅的风格,多用于书面或严肃场合,如"光临""华诞""寿辰""寒冷""斧正"之类。分清不同的语体色彩,才能使词语运用自然、贴切,否则,就会显得生硬、别扭,影响意义的表达。比如公文用书面语词,显得谨严、雅致,口头交际用口语词,显得亲切、自然。

当然,对一些具体词的运用应灵活,不能一概而论。比如古语词一般情况下多用于书面语,但是一些表示说话人自谦的词语和一些表示对听话人尊敬的词语,尽管书面色彩非常浓,却常常用于口头交际,例如"敝校""敝姓""鄙人""寒舍""拙作""管见""愚

见""愚兄""恭候"是谦辞,用于自称,"贵姓""贵庚""贵处""尊姓""尊翁""令尊""令堂""令郎""贤弟""贤婿""高见""光临"是敬辞,用于听话人。这类词语,口头上大量使用,既显得文雅、得体,又显得谦虚、礼貌。

(3) 形象色彩不同

一组同义词中,有的词只表达概念意义,有的词不仅表达概念意义,还具有一定的形象色彩,使人能从视觉、嗅觉、听觉、触觉、味觉等方面产生联想,因而在表义上形成了细微差别。例如"红"与"火红"、"蓝"与"天蓝"、"直"与"笔直"、"快"与"飞快"这四组词中,后一个词语形象色彩就十分突出。具有形象色彩的词,或者直接以比喻手段构成,或者是词的比喻、借代用法形成了派生义,例如"羞愧"与"汗颜"、"大笑"与"喷饭",后者的意义就具有形象感。恰当选用富有形象色彩的词,可以传达出丰富的信息,给人以多方面的联想,可以增强语言的鲜明性和生动性,收到强调突出的修辞效果。下列各组词,后一个都具有形象色彩:

妇女—巾帼　男子—须眉　少量—零星　躲藏—龟缩
言辞—唇舌　高兴—雀跃　再婚—续弦　嫉妒—眼红

3. 用法上的差异

(1) 词性和句法功能不同

同义词大多数的词性是相同的,但有一些同义词词性不同,因此句法功能也不一样。如"突然"和"忽然",前者是形容词,可做定语、状语,后者是副词,只能做状语;"发展"和"发达",前者是动词,可带宾语,不受程度副词修饰,后者是形容词,不能带宾语,可受程度副词修饰。又如"掌握"与"把握",二者都可带宾语,但"把握"兼有名词功能,可以充当宾语,"掌握"没有这个功能。有些同义词词性相同,但句法功能也不一样,如"充分"和"充足"都是形容词,可以做定语、谓语、补语,但"充分"还可做状语,如"充分认识""充分相信"等,"充足"没有这个功能。

(2) 搭配功能不同

这一类同义词的差别,主要体现在与别的词的组合关系上,它们各有比较固定的搭配对象,彼此不能混用。例如"改善""改正""改进""改良"这一组同义词,搭配对象就各不相同,"改善"常与"关系""生活""条件"等搭配,"改正"常与"缺点""错误"搭配,"改进"常与"工作""方法""技术"搭配,"改良"常与"品种""产品""土壤"搭配。又如:

发扬——优点、传统、作风
发挥——优势、作用、干劲、才能
交流——思想、经验、文化
交换——意见、看法、资料、礼品
侵犯——主权、利益、领空、人权
侵占——土地、领土、财产、公款
扩大——范围、面积、生产、影响
扩充——人力、实力、军备、资金
扩张——势力、疆土
发表——意见、声明、演说、作品
发布——命令、指示、新闻、战报

以上介绍的是同义词差别的常见情况。不过,一组同义词的差别实际上是多方面的,不限于某一个方面,所以辨析同义词要注意多方面综合分析。例如"死"和"逝世",二者既有适用对象的不同,也有感情色彩的不同,语体风格也有差异。它们的语法功能也不一样,因为"死"除了有述语功能外,还可充当定语、状语、补语,"逝世"只能充当谓语;同样作为动词,"死"可以带宾语,"逝世"不能带宾语。从适用对象看,"死"可以用于人、动物、植物,适用面较宽;"逝世"只能用于人,而且一般还是上年纪的、有一定社会地位的人,适用面较窄。

(二)反义词

反义词是意义互相矛盾、互相对立的词。例如"战争—和平""成功—失败""高兴—悲伤""伟大—渺小""干净—肮脏""高大—矮小""骄傲—谦虚""天堂—地狱"等。

反义词是客观事物、现象的矛盾对立在语言中的反映。客观现象的性质、状态、行为具有大与小、多与少、长与短、进与退、上与下、死与活的对立,语言中才有"大—小""多—少""长—短""进—退""上—下""死—活"这样的反义词。因此,客观世界的矛盾对立现象是构成反义词的基础。

能构成反义关系的几个词,必须属于同一意义范畴,属于同一个上位概念的几个矛盾对立的同级下位概念。例如"冷"和"热"都属于温度范畴,"黑"和"白"都属于色彩范畴,"快"和"慢"都属于速度范畴。不是同一意义范畴的词,就不能构成反义词,例如"深"和"大"、"花"和"臭"、"白色"与"黑暗"、"战争"和"宁静",就不能构成反义词。反义词的意义一定是相反相对的,但具有这种关系的,并不都是反义词,一个词与其反义形式的短语不能构成反义词,如"大"与"不大"、"好"与"不好"、"红"与"不红"、"远"与"不远",这三组概念都有矛盾对立关系,但并不是反义词,因为反义词是就词与词的关系而言的,不是说词与短语的关系,这几组概念中的"不大""不好""不红""不远"都是短语,因而不是"好"

"红""远"的反义词。反义词在句子中经常对举使用,形成对照,因此,只有音节形式一致、风格色彩相近、语法特征相同的词才是反义词。例如"明"与"暗"构成反义词,"光明"与"黑暗"构成反义词,"明"与"黑暗"不能构成反义词,因为音节不一致。又如"短暂"与"长久"构成反义词,不与"长度"构成反义词,因为二者词性不一致。"难看"与"漂亮"构成反义词,不与"绚丽""绮丽"构成反义词,因为语体风格不一致。了解这些,对于正确使用反义词是有积极意义的。

反义词可分绝对反义词和相对反义词两类。

绝对反义词是指在两个反义词之间没有表示中间状态意义的反义词,两个词的意义互相排斥、互相对立、完全相反。例如:

  生—死 完整—残缺
  对—错 出席—缺席
  真—假 存在—消失
  曲—直 主观—客观

绝对反义词可以用"不""没""无""没有"表示否定,意义上等于它的反义词。绝对反义词表示的是同一上位概念中仅有的两个下位概念,它们互相对立、排斥,非此即彼,肯定了一方,就是否定了另一方,否定了一方,就是肯定了另一方。例如"死"就是"没活","活"就是"没死";"真"就是"不假","假"就是"不真"。现实生活中绝对没有既不死又不活、既不真又不假这样完全矛盾对立的状态存在。

相对反义词意义上不是互相排斥的,在两个反义词之间还有表示其他意义的词存在,两个词的意义相对。例如"老年"的反义词是"少年",但它们之间还有"中年""青年""壮年"一类词存在。

又如：

  黑—白 前进—后退
  冷—热 前面—后面
  大—小 朋友—敌人
  深—浅 开头—结尾

  相对反义词也可用"不""没"等表示否定，但否定后意义上并不等于它的反义词，否定了一方，不一定就肯定了另一方。相对反义词同属于一个上位概念，但在它们之间有同级的其他概念，因而有表示第三意义的词存在。例如"红"与"黑"，否定了"红"，意义上不等于"黑"，因为还有"白""绿""蓝"等颜色存在。又如"苦"与"甜"，否定了"苦"，意义上未必就是"甜"，否定了"甜"，意义上也不一定是"苦"，因为还有"酸""咸""辣"等存在。

  反义词是客观事物矛盾对立关系在语言中的反映。因此，恰当地运用反义词，可以鲜明生动地将事物矛盾对立面揭示出来，互相对比映衬，使阐述的道理更加透辟，使人在对照中分清是非、善恶、美丑，增强语言的感染力和说服力，从而给人以启示，留下深刻印象。汉语中很多成语都是由反义词构成的，例如"扬长避短""空前绝后""头重脚轻""喜新厌旧""假公济私""转败为胜""返老还童""弄假成真""避重就轻"等，由于反义词的作用而充满了深刻的含义。又如下面的例子：

  有的人活着，
  他已经死了；
  有的人死了，
  他还活着。

九　熟语

熟语是由词或语素构成的现成用语，它是语言中因长期习用而形成的固定短语，是语汇中比较特殊的成员。

熟语从结构形式上看大于词，表义容量也比词大，但在习用性、现成性、定型性方面与词相同，在造句功能上相当于一个词，可以充当各种句子成分，因而熟语是词的等价物。熟语具有一般词语所没有的表现力和独特魅力，可以使表达更加精练，更加生动，所以许多熟语从古至今，长用不衰。例如下面使用了熟语的句子，十分生动形象，具有较强的表现力、感染力，比起使用一般词语的句子，表达效果要好得多：

①a. 如果守株待兔，永远也不会有收获。
　b. 如果坐等现成，永远也不会有收获。
②a. 不深入基层了解情况就下结论，无异于盲人摸象。
　b. 不深入基层了解情况就下结论，是非常片面的。
③a. 你思想上可千万不要背包袱。
　b. 你思想上可千万不要有顾虑。
④a. 做这事对他来说还不是张飞吃豆芽——小菜一碟。
　b. 做这事对他来说很容易。

熟语都是定型化的固定短语，使用中应看作一个整体，一般不能随意拆开、颠倒词序或更换词语。例如成语"一丘之貉"不能改为"一山之貉"或"一丘之狼"，"买椟还珠"不能说成"买盒还珠"或"买匣还珠"；歇后语"黄鼠狼给鸡拜年——没安好心"不能说成"猫给耗子拜年——没安好心"；惯用语"碰钉子"不能说成"碰铁钎"。这是因为,熟语在形式上已经定型,已经约定俗成了,如果随意改变,不但破坏了熟语意义的表达,而且减弱了熟语的生动性和表现力。

熟语的意义是完整的,只能整体理解。例如成语、惯用语等,其意义大都不是构成要素的意义的简单相加,而是互相融合成新的意义,因此不能从字面去理解其含义。例如"不分青红皂白"是指该区分而没有区分,不分好歹是非,而不仅仅是指没有区分,更不是指区分颜色;"口若悬河"是形容人说话滔滔不绝,犹如河的水流那样,具有夸张、贬义色彩。又如惯用语"敲竹杠"并非指敲竹杠子,而是指敲诈人。我们在字面上是分析不出这些意义的,其感情色彩更不易从字面看出来。

熟语包括成语、惯用语、歇后语、谚语等,它们的共同特点是结构具有固定性,意义具有完整性,它们在结构、意义、用法上还有各自的特点。熟语是一定历史文化积淀的结果,因而有着非常丰富深刻的内涵,在表义上具有别的表达形式所不可替代的作用,是汉语语汇中的一朵奇葩,是汉民族宝贵的精神财富和文化遗产,值得深入学习研究。

(一) 成语

成语是汉民族长期习用的定型化的短语,以四个音节为主要形式构成,书面上用四个汉字记录,具有形式整齐、音律和谐、结构固定、言简意赅的特点。成语数量繁多,历史悠久,运用广泛,是汉语熟语中的主要成员。

汉语成语具有十分悠久的历史,源远流长,有的成语至今已有几千年的历史。成语主要来源于古代寓言和神话传说,来源于历史事件和历史故事,来源于古典作品名句,来源于群众的口语、谚语,还有少部分成语是从其他民族语言中吸收进来的。例如成语"图穷匕见"来源于《战国策·燕策三》,说的是勇士荆轲奉燕太子之命去刺杀秦王,他以献燕国督亢的地图为名,将匕首暗藏于图中。秦王展开地图,图尽而露出了匕首。荆轲用匕首刺秦王不中,结果被秦王卫士杀害。这个故事后来凝缩为成语"图穷匕见",比喻事情发展到最后阶段,终于显露出真相来。了解成语的来源,有助于准确把握成语的意义,正确使用成语。

使用成语,要注意以下几个方面:

1. 弄清成语的意义

在表义上,成语具有言简意赅的特点,具有独特的魅力,它以简短的形式传递丰富的信息,表达深刻的内容,其表达效果是一般语言形式所没有的。比如用"一日千里"表示社会的巨大变化,就比说"发展很快""飞速发展"有气势;用"雷霆万钧"表示很有力量,就比说"力量强大""很大的力量"有气魄,而且感染力、生动性也是其他语言形式所不及的。正因为成语言简意赅,极富表现力和感染力,所以千百年来,成语得到了广泛的运用。

要注意的是,成语是一种定型的短语,它的意义是由各个构成要素互相融合而成的,不是构成要素意义的相加。绝大多数成语往往都具有表里双层含义,而真实意义常隐含于字面意义背后,引发人们广泛联想。因此,运用成语应注意弄清成语的意义,对成语意义的理解要从整体上把握,不能从字面出发望文生义。例如"叶公好龙"字面意义是叶公喜欢龙,真实含义是说表面爱好某事物,其实并不爱好;"一毛不拔"字面意义是一根毛都不拔,实际意义是指极其吝啬。

成语构成成分的意义与整个成语意义的联系有三种情况:

一是通过字面意义可以推导出成语的意义。例如"一清二楚""三心二意""十全十美""百发百中""千方百计""万众一心""手足无措""六神无主""出口成章""无恶不作""无价之宝""面不改色""仁至义尽""弃暗投明""不骄不躁"等。

二是成语中有些成分保留了古义,不能用今义去理解,这类成语使用时最容易出错。例如:

无法无天("天"指天理,不是天空)

贼去关门("去"是离开,不是"走过去"的"去")

耳闻目睹("闻"是听见,不是今天的嗅)

亡羊补牢("亡"是丢失,"牢"是关牛羊的圈)

徒劳无功("徒"是白、空,不是徒弟)

独树一帜("树"是树立,不是树木)

短兵相接("兵"是兵器,不是士兵)

不速之客("速"是邀请,不是快速)

扬汤止沸("汤"是开水,不是菜汤)

图穷匕见("穷"是完、尽,"见"是出现)

三是成语的实际意义是本义的引申,与字面意义相差很远,有些成语的意义要弄清楚出处才能确切理解认识。例如:

子虚乌有:本义指汉代司马相如《子虚赋》中的两个人物,引申义指虚假的、不存在的东西。

川流不息:本义指河水流个不停,引申义指人、车辆、船只很多,来来往往不停。

黔驴技穷:本义指驴的技能有限,实际意义指坏人把所有本事都使完了。

东窗事发:本义指秦桧谋害岳飞的事暴露出来了,今指罪行被揭露,案子揭发出来了。

钩心斗角:本义指官室建筑结构错综精巧,引申义指坏人之间各用心机,明争暗斗。

胸有成竹:本义指画竹子时心里有一副竹子的形象,比喻做事之前已经有通盘考虑。

因此,运用成语必须弄清楚成语的意义,不能主观臆测。如果不注意成语意义的整体把握,仅从字面出发,就会误解成语的意义。例如把"不刊之论"理解为不能刊登的言论,把"万人空巷"理解为街上空无一人,而实际上这两个成语的意义恰好相反。又如有人把"七月流火"理解为天气炎热,把"明日黄花"错写成"昨日黄花",都是因为没有弄清楚成语意义的缘故。

2. 注意成语的读音

成语中有些字容易读错。这些字,有的现代罕用,一般只出现在成语中,有的是多音多义字,在成语中的读音与其他地方不同。例如:

草菅人命("菅"念 jiān,指野草)

无声无臭("臭"念 xiù,指气味)

卖官鬻爵("鬻"念 yù,指卖)

鳞次栉比("栉"念 zhì,梳篦的总称)

一丘之貉("貉"念 hè,一种动物)

刚愎自用("愎"念 bì,指顽固、倔强)

同仇敌忾("忾"念 kài,指愤怒、愤恨)

一蹴而就("蹴"念 cù,指踏)

好逸恶劳("恶"念 wù,指厌恶)

心广体胖("胖"念 pán,指安泰、舒适)

3. 注意成语的字形

成语中的一些汉字,或者因为生僻,或者因为形近声近,或者因为使用者对成语的出处、意义认识不全面,在读错字音的同时,常常也写错了字形,因此运用成语,要特别注意成语的字形。例如(括号中是容易出现的错别字):

瞠(膛)目结舌　　苦心孤诣(意)
如火如荼(茶)　　草菅(管)人命
火中取栗(粟)　　病入膏肓(盲)
川(穿)流不息　　惴惴(揣)不安
滥竽(芋)充数　　弱不禁(经)风
原形毕(必)露　　完璧(壁)归赵
墨(默)守成规　　班(搬)门弄斧

4. 成语的活用

成语有固定的形式和独特的意义,所以一般情况下不能变更结构,曲解意义。但有时出于修辞的需要,可以临时改变成语的结构形式和意义内容,活用成语,给人以新颖别致的感觉,往往也能收到很好的表达效果。活用成语的方式有多种多样,主要表现在形式和内容两个方面。

形式方面的活用,主要是通过换字、增字、减字、变序等手段改变成语的形式。例如针对一些人满口脏话的情况,有人把成语"出口成章"换字变为"出口成脏"加以讽刺批评。又如把"刻不容缓"改为"咳不容缓",把"求全责备"扩展为"对青年人不要求全,也不必责备",把"越俎代庖"节缩为"代庖",把"叶公好龙"变序改为"好龙的叶公",等等。

意义方面的活用是指抛开成语的实际意义或适用对象,故意曲解,或者故意颠倒意义的褒贬色彩,常常造成一种幽默效果。例如"一日千里"本指社会飞速发展,多用于积极方面,如果反过来用于消极方面,说"他这学期的成绩直线下降,一日千里",就是别解成语的意义。又如"异想天开"的含义是想法离奇,不切实际,具有贬义色彩,把它用在"科学研究既要实事求是,也要异想天开"中,贬义用为褒义,改变了成语的感情色彩。由于成语意义的活用具有令人耳目一新的感觉,极富幽默感,所以许多相声、小品等都用这种方式活用成语,有些广告、小幽默也通过意义活用方式构成,别具一格,精警动人,给人印象十分深刻。例如:

①不打不相识(打字机广告)

②一毛不拔(牙刷广告)

③甲:你知道谁的手掌最大吗?

乙:当然是我爸爸。车间的工人都说他能一手遮天。

不过,成语的活用应巧妙、自然,只能偶一为之,而且必须分清交际场合和交际对象,不能随意滥用,否则,就不能收到积极的表达效果。

(二)惯用语、歇后语、谚语

1. 惯用语

惯用语是口语中较为通行的固定短语。同成语一样,惯用语的结构也是定型的,以整体结构表示一个特定的意义,在形式上,惯用语的突出特点是以三音节为主要形式。例如"敲竹杠""磨洋工""走过场""碰钉子""绿帽子""耳边风""闭门羹""眼中钉""开小差""打圆场"。

惯用语的实际意义都不能从字面来理解,它们用的都是比喻义。例如"穿小鞋"作为一般短语,意思是指穿号码较小的鞋子,作为惯用语,是指故意刁难别人;"耳边风"作为一般短语,是指耳边吹过的风,作为惯用语,比喻听过后不放在心上的话。

惯用语有以下几个方面的突出特点:

第一,形式简练。惯用语是语音形式最简单的熟语,绝大多数惯用语以三个音节构成,这是惯用语外部形式的突出特点。三个音节以上的惯用语很少,如"一推六二五""一个鼻孔出气""鸡蛋里挑骨头""不管三七二十一"等。

第二,用法灵活。惯用语在运用上的突出特点是可以以原型为基础灵活变化,插入其他成分,这个特点尤其在述宾关系的惯用语中最为突出。例如"摆架子"在口语中可以说成"摆摆架子""摆臭架子""摆空架子""摆什么架子"等。

第三,结构简明。惯用语是极为口语化的熟语,构成材料都是人们熟知的、活生生的口语词。如"鬼把戏""哑巴亏""打官腔""马后炮""枕头风"等,其构成成分都是口语中十分通行的词语。惯用语极少使用古代汉语的语汇成分和语法结构,冷僻、难读、难懂的字也很少使用,字面上一看就懂,生活气息十分浓厚,具有很强的通俗性。

第四,义多讽喻。在意义上,惯用语大多表示对一些现象的批评、贬斥,鄙视意味较浓,往往具有讽刺特点,感情色彩十分鲜明突出。由于惯用语的实际意义大多是通过借喻方式获得的,所以表义上的讥刺特点通常都十分含蓄,抹上了一层幽默色彩,例如"走后门""打棍子""钻空子""碰钉子""醋坛子"等。

2. 歇后语

歇后语是由前后有解说关系的两个部分组成的现成语句,结构相对固定,口语色彩浓厚。例如:

买个帽子当鞋穿——不对头
山洞里的火车——不知道拐弯
黄鼠狼给鸡拜年——没安好心
兔子的尾巴——长不了
老母猪打架——光知道使嘴
独眼龙相亲——一眼看中

歇后语区别于熟语中其他成员的突出特点是它的结构形式。歇后语一般由两个部分构成,有的前一部分是个比喻,后面是意义的解释,例如"风箱里的耗子——两头受气";有的前一部分说出一个事物或现象,后边用一个双关词语加以解说,如"电线杆上绑鸡毛——好大的掸(胆)子"。歇后语前一部分像个谜面,着重从形象方面给人以暗示,启发人展开联想,后一部分解释意义,类似于谜底。歇后语前后两部分之间有一定的语音停顿,书面上常用破折号或逗号隔开。在口语中,一些大众熟知的歇后语在使用时也可以不说出后一部分,让听话人自己去领会,例如"猫哭耗子(假慈悲)""黄鼠狼给鸡拜年(没安好心)"等。

根据前后两部分的关系,歇后语可分喻意性的和谐音性的两种。

喻意性的歇后语,前边部分是个比喻,后面部分进行解释、说明,这部分词语的字面意义或者转义就是整个歇后语的意义。例如:"擀面杖吹火——一窍不通""八仙过海——各显神通""泥菩萨过河——自身难保""油篓子里的西瓜——又圆又滑"。

谐音性的歇后语,是利用语言中的同音、近音现象构成的。它的前面部分说明事物现象,后面部分是解释、描写,其中某个词或语素与另一个词或语素谐音,造成一语双关,书面上常用括号把真正要说的词语注释出来。例如:"孔夫子搬家——尽是书(输)"

"四月里的梅子——多少带点青(亲)""茅坑边打灯笼——找屎(死)""狐狸讲话——一派胡言""二三四五六七八九——缺一(衣)少十(食)""狗粪做鞭子——又不能闻(文),又不能舞(武)"。

歇后语在表义上具有生动活泼、幽默风趣的特点。它以形象的事物隐喻意义,使意义生动形象地展示出来,又通过解说进一步强化,表义手段别具一格,给人的印象十分深刻,所以歇后语为广大群众所喜闻乐见,在口语中运用十分广泛。汉语中的歇后语到底有多少,数量很难统计,因为人民群众在语言实践活动中,可以根据需要随时随地创造歇后语来表达思想感情。因而歇后语具有开放性特点,其活跃程度是成语和惯用语所不能比的。

3. **谚语**

谚语又叫俗语、俗话,是总结某种经验知识而创造出来的、流传于群众口语中的固定语句。谚语是人民群众生活斗争经验的总结,所以每条谚语总要说明某种道理,从而给人以教益。许多谚语能代代相传,常用不衰,与它具有知识传授和教化作用是分不开的。

利用谚语总结并传授经验知识,在汉民族中有悠久的历史。从文献记载看,春秋战国时就有谚语在民间流传,例如《战国策·楚策》载:"臣闻鄙语曰:'见兔而顾犬,未为晚也;亡羊而补牢,未为迟也。'"这里的鄙语指民间流传的俗语,实际上就是今天的谚语。我们现在常用的劝诫谚"良药苦口利于病,忠言逆耳利于行",在《史记》中就已经定型了,而且在流传过程中还节缩为"良药苦口""忠言逆耳"进入成语领域。许多成语,如"亡羊补牢""唇亡齿寒""七零八落""投鼠忌器"等,其实都是由谚语演化而来的,谚语在社会生活中的巨大影响由此可见一斑。

根据表义作用,谚语可分两类:

一类是关于自然和农业生产的谚语,例如农谚、气象谚等,是人们长期观测天气变化和农业生产的经验总结。这类谚语较多,可能与我国长期以农业生产为主有关。例如:

春雨贵如油,夏雨满地流。
庄稼一枝花,全靠粪当家。
春天不忙,秋后无粮。
日晕三更雨,月晕午时风。
云走东,雨要空;云走北,雨没得。
云走西,披蓑衣;云走南,雨撑船。

另一类是关于社会生活方面的,这类谚语涉及面较广,如政治、品德、学习、卫生等。例如:

画虎画皮难画骨,知人知面不知心。
有理走遍天下,无理寸步难行。
路遥知马力,日久见人心。
少壮不努力,老大徒伤悲。
一寸光阴一寸金,寸金难买寸光阴。
三个臭皮匠,顶个诸葛亮。
饭后百步走,活到九十九。

从构成形式看,谚语有单句型的和复句型的两种。单句型的如"瑞雪兆丰年""新官上任三把火""有钱能使鬼推磨"等。复句型的如"人无横财不富,马无夜草不肥""不到黄河心不死,不撞南墙不回头""一个和尚挑水吃,两个和尚抬水吃,三个和尚没水吃"等。复句型的谚语又以双句型的为多见,这种形式的谚语,大多音节一致,结构工整,形成对偶句式,易于传诵,例如"人心齐,泰山移""上有天堂,下有苏杭"等。谚语在表义上有个突出的特点,就是直来直去,少用比喻,字面意义往往就是谚语的真实意义,如"笑一笑,十年少""活到老,学到老""世上无难事,只怕有心人"等。各个地方都有反映自己风土人情的谚语,平时有兴趣可以搜集研究。

结束语

我们以"怎样学习语汇"为题来作为本章的结束语。学习语汇要注意以下几个方面:

第一,注意规范。语汇同社会有着极为密切的联系,社会的任何变化,都会首先在语汇系统中体现出来。在现代社会,新词语通过广播、电视、报刊、网络等传播媒介的新闻和广告,可以在一夜之间走进千家万户,融入人们的语言生活。而且语汇变化最快,也最易产生分歧、混乱,这无疑会影响到语汇的纯洁性,影响使用,所以,学习语汇,注意语汇的规范性就显得十分重要了。

第二,注意积累。语汇中的成员,数以万计,因此,学习语汇,在认识、把握语汇规律特点的同时,要注意积累词语,扩充语汇量。语汇的学习不像语法那样可以通过有限的规则来类推造出无穷的句子,而必须一个一个地学习、积累,了解其读音、意义、用法。

第三,正确运用。学习语汇,积累词语,最终是为了运用。要做到正确运用,必须弄清楚词与词的意义差别,不能望文生义、乱用词语。此外,还要注意结合特定的语言环境选择运用词语。语言中的词语,地位是完全平等的,没有好坏优劣之分,只要运用得当,切合语境,极为平常的词语也具有很强的表现力,具有很好的表达效果,能放出耀眼的光彩来。

学习语汇,规范、积累与正确运用,三者关系密不可分。提高语汇的运用能力,要靠认真的学习和长期的积累,因此要学好语汇,单从理论上把握是远远不够的,必须长期坚持实践,才能真正提高运用水平。

第四章 语言的结构规则
——语法

我们掌握了一定量的词语,知道这些词语的读音和意义,是不是就可以随意用来造句表达思想了呢?那么我们到语汇这个材料库中抓些词语出来,看看会有什么结果。例如我们抓出了"骑""我""马""喜欢",这些语言单位是什么意思呢?我们只知道这些单个词的意思,至于这一组词表达了什么意思,谁也不知道,但是如果我们重新把它们组织一下,变成"我喜欢骑马",意思就非常明确了。从这里我们可以知道,用词语表达思想,还有一条看不见的红线在中间起着串联的作用,没有这条红线,语汇中的词语就如一盘散沙,无法表达思想。这条起着串联词语作用的红线就是语法,也就是本章要介绍的内容。

一 什么是语法

很多人都会下中国象棋,棋中红黑双方各有不同功能的七种棋子,即帅(将)、士、象、马、车、炮、兵,这七种棋子不但功能不同,而且有各自的行走方式,下棋的双方必须共同遵守行棋的规则,这样对局才能进行下去。如果一方遵守行棋规则,另一方下棋随心所欲，甚至双方都随心所欲，那么这棋就无法下了。所以，凡是下棋的人都知道，要使下棋对局正常进行下去，双方必须遵循共同的规则，不得违反。不仅是象棋，任何一种游戏，都有自己一套相应的规则。

那么语言呢？语言作为一个社会全体成员共同的交际工具，作为社会成员相互之间表达思想的媒介，是不是也有这样的规则呢？答案是肯定的。如果语言没有一套大家共同遵守的规则，那么肯定就会乱套，使用者随心所欲组织词语表达思想，就会出现五花八门的组合结果，例如"在""风景""湖边""看""我"，就可能出现"我在湖边看风景""我湖边在看风景""风景在湖边看我""风景我看在湖边""我风景湖边在看"等组合，而实际上只有第一种组合我们能看明白，也就是说，在语言现实中，大家都应使用第一种组合来表达自己的思想。假如有人不遵照这样的习惯组合，听话人就会去纠正对方的话语。为什么会出现这样一致的情况呢？这就是语言中有社会成员共同遵守的规则在起作用的缘故。

有时候同样的语言单位可以组合成不同的句子，也能表达意义，但是不同的组合结果，表达的意义差别非常大。例如"三天打一次牌""一天打三次牌""一次牌打三天"这些句子，使用了相同的词语构成，词语的组合顺序不同，表达的意义也不同，这里仍然遵循了规则，出现的是现实语言可能出现的组合，如果组合出"三天一次牌打""一次三天牌打"，仍然是不符合组合规则的。

这种大家共同遵守的语言单位组合的规则就是语法。

语法是语言中客观存在的语言单位之间组合的规律。语法规则贯穿于整个语言体系，没有语法规则的限制，我们无法把词语组织成语句，语汇这个仓库中的词语就成了一盘散沙，这样的语言还能成为交际工具用来沟通思想吗？当然不能，语言就不复存在了。

语法就像一条看不见的红线,把单个的词语巧妙串成句子,表达我们的思想。

语法规则是任何一种语言都客观存在的,每个人都必须遵守。这种规则是一个社会成员共同约定俗成的,大家共同按照这种约定的规则来组织语言单位,任何人不能破坏这种规则。语言在现实运用中,经常会出现病句,这是人们对语法规则不熟悉而产生的,所以我们必须了解有关语法的知识,正确使用语言。

语言结构可以分为大大小小的单位,这些单位从小到大有语素、词、短语、句子,这些单位可以按照一定的规则相互组合成更大的单位,语素和语素组合成词,词与词组合成短语,词或短语可以组合成句子。

语言单位的相互组合,要注意下面一些问题。我们以词的组合为例来加以说明。

(一)符合语法关系

词与词的组合,首先必须注意词的语法特点、语法功能,弄清楚哪些词之间能搭配,哪些词之间不能搭配。比如动词可带名词做宾语,但不及物动词不能带宾语。如"我们示威敌人"是病句,因为"示威"是不及物动词,不能带宾语。又如"枪声惊慌了战马"是病句,因为"惊慌"是形容词,也不能带宾语。

词与词组合成句子有五种基本的语法关系,这五种语法关系贯穿于各级语言单位的组合。如果词与词的组合符合这五种基本的语法关系,那么就是正确的。这五种语法关系举例如下:

①太阳出来了(陈述关系)
②鲜艳的花朵(修饰关系)
③阅读武侠书(支配关系)

④跑得非常快(补充关系)
⑤香港和澳门(联合关系)

(二) 符合事理逻辑

　　词与词的组合,必须符合常理,在意义上有关联,符合词语所代表的现实现象之间的实际关系,也就是词的组合在词义上要有现实的根据。比如我们可以说"吃米饭""吃面条""吃糕点"等,不能说"吃木头""吃石子""吃空气",因为在现实中,动作行为"吃"涉及的现实对象必须是可以入口吃的东西,说"吃石头"之类的话,就违反了事理逻辑。我们可以用"月亮"与"圆""缺""明亮"组合为陈述关系,因为月亮本身具有这样一些现实特征的变化,但是不能用"香""甜""酸溜溜"这样的词语去组合陈述,因为月亮没有这样的现实特点。又如"打破",我们可以说"打破了瓶子""打破了盘子""打破了杯子",不能说"打破了老鼠""打破了狐狸",因为与"打破"搭配的对象是无生命的东西。我们可以说"摔断了手""摔断了腿""摔断了胳膊",不能说"摔断了脑袋""摔断了皮肤""摔断了眼睛",因为"摔断"的对象一般是长条形的东西。这里的能说与不能说,就反映出词语组合的事理逻辑关系。

(三) 符合语言习惯

　　语言中有些习惯说法,可能不符合语法,不符合事理,但全社会的人都这样用,都这样说,已经约定俗成,就只能承认这种说法的合理性,不能用语法规则来分析,也不能用词义的语义联系来解释,它们是一种特例,这种特例扩展了一个词的组合范围。比如我们常说的"打扫卫生""恢复疲劳""救火""救灾"等就属于这种情况,同样表示事物的量,普通话中说"一头牛""一尾鱼""一匹马"

"一只兔""一条狗",这里量词与名词的组合,反映的是一种语言习惯。同样是表示时间,我们可以说"一个月""一个世纪""一个小时",不可以说"一个天""一个年""一个秒钟""一个分钟"。又如肯定与否定,表示的意义应该是完全相反的,如"同意"与"不同意"、"高兴"与"不高兴"。可是在下列语言形式中,肯定与否定的意义完全相同:好容易=好不容易、好热闹=好不热闹、难免要犯错误=难免不犯错误。

需要注意的是,习惯性说法是不能类推的。我们学习句型,大多数都可以类推,如从"吃饭"类推组合出"吃面""吃肉""吃糖",从"看报纸"可以类推出"看小说""看电影""看话剧"等。但习惯性说法不能这样类推,例如我们可以说"养伤""养病",不能说"养感冒""养癌症";我们可以说"恢复疲劳",不能说"恢复重病"。习惯说法,可以说是语言中的特例,是语言中的特殊规律,但我们不能因此而否定了词语组合的语法与逻辑限制。

语法关系、语义联系、语言习惯,这三个方面在组合语言单位时需要同时考虑,特别是前面两条,可以说是各种语言共同的组合要求。

二 词的内部结构

我们在语汇部分曾经介绍,从结构角度可以把词分为单纯词与合成词两类。单纯词由一个语素构成,本身不存在单位的组合问题,合成词由两个以上语素构成,那么构成合成词的几个语素之间就有了组合关系,这些语素不是随意堆砌的,而是按照一定的规律组合起来的,仍然需要符合组合特点。

根据构成合成词的语素的特点,一般把合成词的构造方式分为组合式和附加式两类。

（一）组合式

由非定位语素组合构成合成词的方式叫组合式。非定位语素构成合成词,在表现词义时都贡献了自己的意义,但是语素意义已经互相融合,不是语素意义的简单相加,例如"白菜""黄瓜""绿豆""工人""鲜花"。根据构词语素之间的语法关系,组合式合成词又分并列式、限定式、补充式、支配式、陈述式五种。

1. 并列式

并列式是由几个意义相近、相关或相反的语素并列构成合成词的方式。例如：

①喜悦　朋友　明亮　喜欢　讥刺
②寻常　尺寸　领袖　眉目　脸面
③出纳　深浅　好恶　呼吸　缓急
④兄弟　女儿　质量　人物　睡觉

第①组合成词中的两个语素,意义相同或相近,可以互相解释。第②组合成词中的两个语素,表示同一类属意义,有的是整体与个体的关系,有的是连属关系,二者对称,组合成词,从字面引申出抽象的意义。第③组合成词中的语素,意义相反,互相矛盾对立,相反相成,表示抽象、概括的意义。第④组合成词的意义以其中一个语素的意义为基础,另一个语素的意义弱化甚至完全消失,只起一个陪衬作用,通常把这种词叫作偏义词。

2. 限定式

在限定式合成词中,前一个语素修饰限制后一个语素,后一个语素的意义是整个词的基本意义,是词义的中心。例如：

①黄豆　白字　白菜　秀发　物色
②火热　金黄　血红　蚕食　龟缩

第①组限定式合成词,前一个语素直接修饰限制后一个语素。第②组合成词具有比喻性质,前一个语素是用来打比方的,如"雪白"是指像雪一样白,这类词大多是形容词,具有词义程度加深、形象突出的特点。

3. 补充式

这类合成词中的两个语素,前一个语素是词义中心,后一个语素对前面的语素作补充说明。例如:

①改正　推翻　说明　扩大　记住
②布匹　纸张　花朵　枪支　诗篇

第①组补充式合成词,前一个语素多表示动作行为,后一个语素表示动作行为的结果或趋向,前后语素在意义上有因果关系。第②组合成词,前一个语素表示事物名称,后一个语素具有计量意义,二者结合构成具有概括意义的名词。

4. 支配式

构成支配式合成词的两个语素,前一个语素表示动作行为,后一个语素是动作行为支配的对象,二者有支配和被支配的关系。例如:

①干事　中肯　裹腿　管家　司机
②革命　注意　上当　吹牛　跳舞

第①组支配式合成词,两个语素结合较紧,中间不允许插入别的成分。第②组合成词,两个语素之间结合关系较松,中间可以插入别的成分,具体运用中可以有多种形式,如"跳舞"可以说"跳跳舞"

"跳一跳舞""跳一会儿舞"等。像第②组语素之间结合关系较松的一类词,我们通常称之为离合词,即两个语素合起来是词,拆开插入别的成分后是短语,不过其独立性仍然很弱。

5. **陈述式**

这类合成词,前一个语素多表示事物,后一个语素表示性质、状态或动作,二者构成陈述与被陈述的关系。例如:

　　神往　口红　口吃　月亮　肉松
　　民主　日食　脸红　心疼　自私
　　自卫　发指　眼花　人为　性急

(二) 附加式

有些合成词是由一个非定位语素加一个定位语素构成的,这样的词就是附加式合成词,也叫作派生词,因为它完全是在一个语素意义的基础上派生构成的,另一个语素基本上不贡献意义,往往成为一种表示类别的符号。例如"老鼠""阿妹""可恨""非法"属于定位语素在前面构成的词,"桌子""作者""氧化""弹性""画家""歌手""苦头""土气"属于定位语素在后面构成的词。

定位语素通常也叫作词缀,在合成词中具有相当大的作用,它们或者表明词的类属,或者给词义增加某种色彩,或者表示词的语法类别。例如"者"是名词的标志,具有动词、形容词性质的语素加上"者",就构成了一个名词,如"使者""侍者""学者""弱者""长者"等;"化"是动词的标志,具有名词、形容词性质的语素加上"化"就构成了动词,如"氧化""炭化""奴化""淡化""丑化""强化"等。

附加式在现代汉语中是一种具有强大生命力的构词方式,许多定位语素构词能力极强,很多都能构成数十个词,而"头"能构成的词多达二百余个。附加式近年还有进一步发展的趋势,一些非定位语素在发展过程中,意义又呈现虚化的一面,构词上趋向于定位。例如"家""热""坛""圈""度""手""师""士"等语素,它们作为非定位语素可以构成组合式合成词,同时意义又不断虚化,经常与别的语素一起构成附加式合成词。例如:

家:作家　画家　专家　行家　冤家
坛:足坛　排坛　歌坛　乒坛　论坛
度:力度　湿度　温度　深度　浓度
手:歌手　鼓手　打手　扒手　旗手
师:军师　厨师　技师　律师　讲师
式:老式　新式　款式　样式　仪式
次:场次　车次　层次　人次　架次

以上列举的各种合成词,都是由两个语素构成的。有些合成词是由三个甚至更多的语素构成,它们内部的结构关系,也不外乎上面七种,只是综合了多种结构方式。例如"计算机","计算"与"机"组合成限定式,"计算"是并列式。又如"慢性病","慢性"与"病"组合成限定式,"慢性"是附加式。这类合成词,组合方式多样,组合有一定的层次性。

三　词的外部功能

每个词在语言中都不是孤零零存在的,都要和别的语言单位发生组合关系,组合成更大的结构单位,以表达丰富复杂的意义。每个词不但自己的意义不同,与其他的词语发生联系的特点也不相同,组合功能不完全一样,有些词可以同 A 组合,有些词可以同 B 组合,有的词可以同 C 组合,等等。例如"认真",表示一种状态,可以和表示动作行为的词组合,比如"认真观察""认真思考""认真研究""认真学习"等,不能和表示状态的词组合,比如"认真安静""认真温和",这里的能组合与不能组合,就反映出一个词的组合功能特点。

词是能够独立用来造句的最小语言单位,根据词在句子中充当成分的能力和与别的词的组合特点,我们可以从语法角度给词划分类别,进一步认识词的功能特点,这样有助于我们更好地使用词语,不至于出现错误。

根据语法功能划分出来的词的类别就是词类。

根据能不能充当句子成分,词首先可以分为实词和虚词两大类。实词是可以独立充当句法成分的词,可以充当主语、谓语、宾语、定语、状语、补语,而且实词都有具体实在的语汇意义,与客观现实现象有比较紧密的联系,例如"太阳""人类""城市""学习""漂亮""我们""把""架次"等。

虚词是不能充当句法成分的词,而且意义比较虚,一般不能独立使用,不能独立充当句法成分,主要用来表达实词之间的某种语法关系,增添某种语法意义,或构成一些特殊的句式。例如"关于""已经""以及""似的""地""得""啊""嗨"等。有人将虚词比喻为语言的黏合剂,用不用虚词,用什么样的虚词,实词组合起来的意义差别很大,例如"朝鲜朋友—朝鲜的朋友""爸爸和妈妈—爸爸的妈妈",虚词不一样,意义完全不同。

不过把词分为实词和虚词来认识还过于笼统,需要进一步细分,这样才能加深认识。

（一）实词

根据词和词的组合特点和组合关系，实词可以分为以下一些类别：

名词　表示人或事物、方位、处所、时间的名称的词，例如"农民""士兵""西瓜""东方""县里""早晨""目前"等。名词可以用"不是"否定，常充当主语和宾语。

动词　表示动作行为、心理活动、使令、趋向、判断、存在、消长的词，例如"打击""思考""想念""要求""下去""是""有""减少"等。动词常常充当谓语，其中及物动词后面可以带宾语，单音节动词可以按照"AA"方式重叠，双音节动词可以按照"ABAB"方式重叠，重叠后附加一种尝试意味，或者表示短暂的动作行为，例如"你试验试验""我翻翻"。动词还可以进一步分为助动词、趋向动词、判断动词、及物动词、不及物动词、体宾动词、谓宾动词、单宾动词、双宾动词等来研究。

形容词　表示事物的性质、状态的词，例如"好""大""红""长""美丽""热烈""高兴""哀愁"等。形容词常常充当谓语，也可以修饰名词充当定语，也可以修饰动词充当状语，形容词还可以受程度副词修饰，例如"很好""很漂亮""很高兴"，这是形容词的一个非常重要的组合特征。不过形容词按照AABB方式重叠以后，已经附加了程度加强的含义，前面就不能使用程度副词修饰了。

数词　表示数目的词语，例如"零""一""二""十""百""千""万""亿"等。

量词　表示事物、动作的量和时间的词语，例如"个""根""只""张""本""辆""尺""双"表示事物的量，叫作物量词，"次"

"趟""回""遍""场""阵"表示动作的量,叫作动量词,"年""月""日""天""周"表示时间,叫作时间量词。

数词和量词常常组合成量词短语使用,一般不单独使用。在普通话中量词与名词的组合都是习惯性的,往往是量词表示相应的计量单位,不能随意使用,与方言有些不同,需要注意,例如"一杯茶""一碗饭""一阵风""一片云""一朵花"等。

副词　表示程度、情状、时间、范围、频率、肯定、否定、语气等的词语,例如"非常""特别""悄悄""亲自""都""全""只""才""刚刚""逐渐""再""不""别""的确""难道""反正"等。副词的功能主要是修饰动词或形容词,充当状语,只有少量的词如"极""很"可以充当补语,加之副词意义又比较虚化,所以有些语法书把副词划归于虚词。

代词　代词是在语句中代替其他词语的词,如人或事物、处所、时间、数量、性质、状态、方式、程度等,它代替哪个词,就有哪个词的功能,可以充当主语、宾语、定语或状语。代词可分人称代词(包括第一人称代词、第二人称代词、第三人称代词)、疑问代词、指示代词三类。例如"我""你""他们""谁""什么""怎么""怎么样""这""那"等。

(二) 虚词

虚词的共同特点是不能充当句法成分,在语法结构中起连接或附着的作用。现代汉语虚词包括下面一些类别:

介词　表示时间、处所、目的、方式、施事、受事等意义的词,例如"在""自""从""为了""沿着""按照""被""把""向""对"等,主要和名词组成介词短语来修饰别的成分,充当状语。介词的主要作用是附着,附着在名词、代词或其他词语前面,组成介词短语。

连词　连词就是连接词、短语或句子的词语,把不同的语法单位组合起来。例如"和""跟""同""与""及"连接名词,"并""并且"连接动词,"而""而且"连接形容词。

助词　表示词语之间的结构关系、动作行为的状态或其他附加意义(如概数)的词,可分结构助词("的""地""得")、时态助词("着""了""过")、其他助词("似的""们""所""第""来""给")三类。助词的主要作用是附着在某些语言单位后面,表示特定的关系意义,如时态意义("看着""看过""看了")、强调意义("他是昨天来的")、比况意义("羊群般的云")、变位意义("所热爱")等。

语气词　附着在句子后面表示句子语气的词语,例如"啊""吗""呢""吧""么""呀""哇"等。不同于副词中表示语气的词语,语气副词在句中充当状语,语气词附着在句尾,不充当句法成分,只是表示陈述、疑问、祈使等语气。

叹词　表示感叹的词语,例如"啊""哎呀""哎哟""哈哈""嗯""哼""呸"等,叹词突出的特点是独立使用,不同其他任何词组合。

象声词　摹绘客观事物声响的词,例如"哗哗""哗啦""噼啪""叮咚""轰隆"等。

一般的语法书认为虚词只有介词、连词、助词、语气词四类,叹词和象声词比较特殊,有时候可以充当句法成分,不分虚实。这里为简化词类系统,根据其主要功能特点,仍然归入虚词。

以上就是现代汉语词的全部语法类别,一共是十三类,其中实词七类,虚词六类。有些词兼有两类词的功能特点,我们称之为兼类词。例如"代表",在"一个代表"中,具有名词的功能特点,在"代表大家"中,具有动词的功能特点。兼类词在不同的组合中只表示一种功能特点,如果在一种组合中有几种功能特点,那么一定是个歧义句,例如"这本需要编辑",其中编辑是指人还是指动作行为,句子中看不出来,造成了歧义。

四 词与词的组合

我们都知道,词是语言大厦的建筑材料,单个的词语是无法表达现实生活中丰富多彩的意义内容的,词与词必须组合起来,才能表达比较完整的意义。词和词按照一定的规则组合起来,就构成了短语。短语是语言的备用材料,当短语在一定语境中具有指称意义,带有语调,就成为句子了。所以,词和词组合成短语的规则,同样适用于句子。

词和词是怎么样按照一定规则来构成短语的呢?词和词组合成短语,除了要注意语法关系、语义搭配关系外,从不同角度看,还有下列几种情况需要注意:

组合材料 从组合材料的性质看,有实词和实词的组合、实词和虚词的组合两种情况。例如:

①认真学习(实词与实词组合)
②大家讨论(实词与实词组合)
③按照文件(实词与虚词组合)
④狼和小羊(实词与虚词组合)

组合方式 从组合方式看,有意合与形合两种组合方式。所谓意合,就是词与词之间组合不用虚词,依靠词语的意义按照一定的语序直接组合;所谓形合,就是运用虚词进行组合。例如:

①我们学习普通话(意合)

②明天请你喝喜酒(意合)

③我和我的祖国(形合)

④我们边走边唱(形合)

组合层次 从组合层次看,有简单组合和复杂组合两种情况。简单组合就是两个词组合构成短语,内部只有一个结构层次,这样的短语是简单短语;复杂组合就是词和词组合成短语,内部有两个以上的层次,这样的短语是复杂短语。例如:

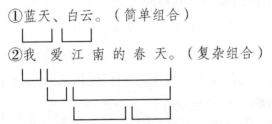

复杂短语是词按照一定的层次组合起来的,词与词依次组合,层层套叠。复杂短语中,只有处于同一结构层次的词有语法关系,例如"我热爱我们伟大的祖国",这个短语中"我们"与"伟大"就没有结构关系,虽然二者靠得很近,但"伟大"是修饰"祖国"的,而不是陈述"我们"的。分析短语的内部结构层次,就要注意把短语的各个词的结构层次分析出来。

有些短语的结构层次有两种不同的切分,就形成了歧义短语。例如:

咬死了/猎人的狗——咬死了猎人的/狗

热爱/人民的军队——热爱人民的/军队

组合关系 从组合关系看,词与词组合成短语有五种基本的语法关系,即我们在前面介绍过的并列关系、限定关系、补充关系、支配关系、陈述关系。在组合中,如果词与词之间的语法关系不明确,引起不同理解,往往也形成歧义。例如"出租汽车",可以理解为限定关系,也可以理解为支配关系。

根据词语之间的组合关系,我们来认识几种基本结构的短语类型:

定中短语 由定语和中心语构成,定语和中心语之间是限定关系。中心语主要由名词性成分充当,定语修饰限制中心语,定语和中心语之间常常使用结构助词"的"连接,这是定语的标志。例如"我的书""晴朗的天空""新鲜的蔬菜"。

状中短语 由状语和中心语构成,状语和中心语之间是限定关系。中心语主要由动词或形容词充当,状语由形容词或副词充当,状语和中心语之间常用结构助词"地"连接,这是状语的标志。例如"愉快地歌唱""热烈地欢呼""非常激动"。

述宾短语 由述语和宾语构成,述语和宾语之间是支配关系。述语由及物动词充当,宾语主要由名词充当,表示动词动作行为支配的对象。例如"讨论问题""观赏电影""收集材料""写作论文"。

述补短语 由述语和补语构成,述语和补语之间是补充关系。述语由动词或形容词充当,补语一般由形容词直接充当,动词充当补语需要结构助词"得"连接,这是补语的标志。补语从数量、程度、趋向、结果、可能、情态、时间等方面对述语加以补充说明。例如"看完了""摆整齐""高兴得跳起来""打得敌人狼狈不堪"。

主谓短语 由主语和谓语构成,主语和谓语之间构成陈述关系。主语一般由名词、代词充当,谓语主要由动词、形容词充当,名词充当谓语主要表示时间、处所、数量。一般的单句,主要是在主谓短语的基础上构成的。例如:

我们学习　　太阳出来

故事精彩　　问题严重
明天元旦　　今天晴天

联合短语　由两个或两个以上的成分构成,各个部分有并列、递进、选择等关系,常使用连词"和"等来连接各个成分。例如"我和你""老师和学生""伟大而光荣"。

其他非基本结构的短语类型我们简要举例说明如下:

连动短语:出门看朋友
兼语短语:请你来帮忙
同位短语:班长石小峰
方位短语:黑龙江以南
量词短语:一百五十个
介词短语:按照党指示
的字短语:穿羽绒服的
所字短语:所发明创造
比况短语:暴风雨般的

短语同词一样,也是造句的备用材料。以上这十五种不同结构类型的短语,还可以按照它们的造句功能划分为名词性短语、动词性短语、形容词性短语三类。例如定中短语经常充当主语、宾语,是名词性短语,述宾短语经常充当谓语,是动词性短语,比况短语经常充当定语,是形容词性短语。

五　认识句子

(一)什么是句子

句子是语言的使用单位,是我们传递信息的基本单位。也就是说,我们要告诉别人什么事情,相互交流思想,是以句子为单位进行的。每传递一次信息,最起码要使用一个句子。

　　句子与词和短语不同,它是动态的使用单位,不是静态的备用材料,因此每个句子都传递着与客观环境相符的信息,具有表述性特点,既表达主观意图,又陈述客观实际。所以,现实的句子总是存在于一定的语境之中的,与特定的语言环境密切相关,因为使用句子的人就生活在一定的社会中,离开了语境,没有说话的客观环境,陈述主观意图也就失去了意义。

　　任何一个句子,在句末都带有一个特定的语调,语调可以说是句子的语法标志,因为每一个句子,要表达说话人的主观意图,体现说话人的目的,必定带有一定的语气,在语流上显示出平曲升降、轻重缓急,与说话人的发话目的保持一致,这就是语调。人们说话的目的,不外乎以下四种情况:陈述特定内容,提出特定问题,请求别人行动,表示感叹。这四种情况的句子,相应有四种语调:平直语调、高升语调、低降语调、曲折语调。同时,句子由于总是有语境的限制,所以可以适当省略相关成分,不一定要出现所有的成分,这在对话中尤为明显。因此,我们给句子下个比较完整的定义就是:句子是在一定语境中运用,具有一个语调,表达特定内容,表达完整信息的语言运用的单位。

　　"严禁吸烟",作为短语,可以说是泛泛地指禁止吸烟这种行为,而作为句子,比如在加油站、候车室贴着这个标语,则是特指在这个地方不准吸烟,而不是在进行禁烟宣传,不是加油站在尽义务宣传吸烟的害处,其内容是有所指的,这里是句子而不是短语。因此同样的内容,短语和句子的意思可能相差很远。短语"不准大小便",意义就是不准人拉屎撒尿,可是某个胡同里的角落写上这个话,绝不是不让人拉屎撒尿,那样岂不把人憋死?这里的意思是不准在这里大小便。同样,"禁止停车",作为短语,意思是车不能停止,而作为句子,是指车不能在贴这个标语的地方停留。可见,短语和句子的意义表面上差不多,实际上是有区别的,短语的意思是泛泛的,句子的意思有具体的指称内容。

至于词,和句子的区别也是如此,例如"水",词典中注明其意义是"一种无色、无臭、透明的液体,一个水分子的化学式是H_2O"。而在实际运用中,"水"的意义内容是数不胜数的,例如从沙漠中走出来的人喊"水",可能是要喝水,也可能是发现了水,站在河边说"水",或许是要发什么感慨,或许是要提醒别人注意水,等等,但绝对不会是告诉别人说这是"一种无色、无臭、透明的液体"。同时,在句子中,词义往往也要发生某些改变,例如"地",词典中注明的意思主要是指地球、地面、土地,可是句子中意思可能更加宽泛,例如"请勿随地吐痰",这里的"地",既包括地面,也指墙、地毯、车厢等。

正是因为有语境,有上下文的提示,句子中非重要信息内容的结构成分是可以省略的。例如"你什么时候去看电影?"回答一定是"明天"或"后天"或别的什么具体的时间,一般不会说"我明天去看电影"这样的完全句,交际中,我们常见的都是不完全主谓句,无论是询问还是回答。而作为短语,是不可能有这样的省略的。可见,句子的结构在一定的语境中是比较灵活的。

反过来,我们看词典中的词语,尽管有意义,但它们同语境无关,无所指称,没有特定的内容,所以不是句子。有的短语,形式上同句子一模一样,由于没有语境限制,缺少表述性,缺少语调,所以不是句子。例如"你去工地找书记谈谈"这个短语,其中的"你""书记"具体是谁,"工地"在哪里,"谈谈"的内容是什么,动作行为发生的时间和地点在哪里,这些问题,根本无法回答,也就是说,这个语言片断,只有意义,没有内容,无所指称,因而不是句子。

语法可分语素、词、短语和句子四级单位,四级语法单位的性质不完全相同。词、短语和句子都是语法单位,但是它们属于不同的层面,功能是完全不平衡的,词、短语是静态的备用单位,而句子则是使用单位,是动态单位,是传递信息的基本单位。一般而言,词组成短语,词或短语组成句子,这样看来,句子在形式上肯定比词复杂,甚至也比短语复杂。其实不然,因为在现实运用中,很多句子的结构其实是非常简单的。例如日常会话:

甲:谁?

乙:我。

甲:做什么?

乙:走走。

甲:去哪?

乙:商场。

以上每一组会话,结构都非常简单,尤其是乙的回答,都是一个词,甚至连短语都不是。可见,句子和词、短语的本质区别不是看形式复杂与否,而是看是否具有传递信息的作用,只要传递了具体的信息,具有一定的表述性,那么结构再简单的单位,都是句子。是否具有表述性,这是句子和其他语法单位最根本的区别所在。

(二) 句子的分类

任何事物都是可以分类的。通过分类,我们可以从不同角度认识事物的特点,从而更好地把握事物对象。比如我们前面所学的词,从结构角度可分为单纯词与合成词,从意义角度可分为多义词、同义词、反义词,从功能角度可分为名词、动词、形容词,等等。

句子也一样,也可以从不同角度加以分类认识。一般给句子分类,主要从语气和结构角度来划分。

从语气角度给句子分类,不同语气的句子归为一类,这就是句类。语气有陈述、疑问、祈使、感叹四种,相应地,句子的语气类别也分为四种,即陈述句、疑问句、祈使句、感叹句。唐代大诗人王维有一首著名的五言小诗《相思》,诗中的四句话从语气角度看正好是四种语气,代表了四种语气类别的句子:

红豆生南国,(陈述句)
春来发几枝?(疑问句)
愿君多采撷,(祈使句)
此物最相思!(感叹句)

不同语气类别的句子,在交际中具有不同的作用:陈述句的作用是叙述说明客观事物或现象;疑问句是向听话人发出询问;祈使句是要求听话人采取行动,或制止其行动;感叹句是就客观对象发出感叹,表示赞赏或者惊讶的情感。例如:

①这个人很聪明。(陈述客观事实)
②这个人聪明吗?(对事实有疑问)
③你要放聪明一些。(要求对方行动)
④这个人真聪明啊!(发出赞叹)

从语气角度划分的句子类型叫句类,这是依据句子的表达功能划分出来的类别:陈述句叙述事实,疑问句提出问题,感叹句抒发情感,祈使句表示要求。当然,在实际运用中,句子的这种功能可以通过不同的形式来加以转换。例如孩子对母亲说"我饿了",不仅仅是在陈述事实,而且是发出一种祈使要求,就是要求母亲给他东西吃,只不过这里的祈使变得比较委婉含蓄。老师问学生

"你知道三加二等于几吗?"学生不能仅仅回答"知道",还必须说出答案,因为老师的疑问句实际上暗含祈使要求。

句子的语气类别,实际上是根据句子的作用划分的,我们还可以从结构角度给句子分类,也就是根据句子自身结构上的一些特点划分类别,这就是句型。我们在学习外语时都有这样的体会,老师会拿一个句型让学生反复进行替换练习,以便牢固地掌握所学习的句型。可见,弄清句型对我们学习句子、正确运用句子非常重要,因此有必要学习。

句子从结构角度可以层层往下分类,分出大类,大类里面再进一步划分小类。首先我们可以把句子分为单句和复句两大类。单句由短语构成,只有一套句子成分,复句则由单句充当分句,有两套以上的句子成分。一般而言,单句比较简短,句中没有语音停顿,而复句恰恰相反。例如:

①网络教学师生联系很方便。(单句)
②很多人参加网络教育。(单句)
③因为网络教学师生联系很方便,所以很多人参加网络教育。(复句)
④因为网络教学师生联系很方便,所以很多人参加网络教育,目前我国的网络教育发展非常快。(复句)

从上我们可以看出,单句的成分是由词或短语构成的,复句的成分则是由单句充当分句构成的。某个内容可以用几个单句来表达,也可以把意义上有关联的几个单句组成复句来表达,如同上面的例子那样。用单句,有强调各项的作用,用复句,则显得紧凑,逻辑性强。我们选用句子,是用单句还是用复句,要根据不同的内容和表达的需要来确定。

单句往下划分,可分出主谓句和非主谓句两大类。主谓句是可以分出主语和谓语的句子,非主谓句则没有主语、谓语之分。例如:

①今天星期一。(主谓句,名词做谓语)
②我们讨论问题。(主谓句,动词做谓语)
③衣服很漂亮。(主谓句,形容词做谓语)
④复兴门内大街160号。(名词性非主谓句)
⑤禁止践踏花草!(动词性非主谓句)
⑥好极了!(形容词性非主谓句)

在主谓句中,根据谓语的特点,一般把句子分为名词性谓语句、动词性谓语句、形容词性谓语句三类。名词性谓语句的主要作用是对主语作出判断或说明,动词性谓语句的主要作用是叙述,形容词性谓语句的主要作用是描写。例如:

①鲁迅,浙江绍兴人。(名词性谓语句)
②大家共同分析这些问题。(动词性谓语句)
③我们把房间打扫干净。(动词性谓语句)
④东方明珠电视塔高极了!(形容词性谓语句)

在这三种句型中,名词性谓语句和形容词性谓语句的结构比较简单,结构类型较少,一般了解即可,以动词做谓语的句子最为复杂,因此我们在后面还要单独介绍,复句的类别也将单独讲授。

(三)句子的分析

要认识句子的特点,必须学会分析句子;分析句子,必须掌握一定的方法。通常使用句子成分分析法和层次分析法来分析句子。

句子成分分析法又叫中心词分析法,是传统的句子分析方法。

这种分析法的最大特点是给句子分出几种成分,让各种成分平列在一个层次上面。

句子成分分析法给句子划分出主语、谓语、宾语、定语、状语、补语六种成分,其中,主语和谓语是基本成分,宾语是连带成分,定语、状语和补语是附加成分,充当这些成分的基本单位是词。如"哥哥上大学",其中"哥哥"是主语,"上"是谓语,"大学"是宾语。

句子成分分析法分析句子的步骤是:首先要找出主语和谓语,然后再确定其他的成分。

为了便于操作,句子成分分析法规定了六种符号来标示各种成分。用＿＿表示主语,用＿＿表示谓语,用～～表示宾语,用( )表示定语,用〈 〉表示补语,用[ ]表示状语,其中主语、谓语、宾语的符号画在成分下面,定语、状语、补语的符号画在成分两头。用这些符号来标示句子成分,可以一目了然地观察到句子的各种结构成分,这种方法叫作加线法。例如:

①学生讨论。

②学生讨论问题。

③(全体)学生讨论问题。

④(全体)学生[下午]讨论问题。

⑤(全体)学生[下午]讨论(重要)的问题。

⑥(全体)学生[下午]讨论〈完了〉(重要)的问题。

句子成分分析法的好处是便于抓住句子主干,从整体上把握句子的结构格局,尤其是结构复杂、成分多的长句,用这种方法分析更容易弄清结构,理解内容。例如:

①(这一国际战略)原则,[对于团结世界人民反对霸权主义,改变政治力量对比,对于打破霸权主义企图在国际孤立

我们的狂妄计划,改善我们的国际环境,提高我国的国际威望],起了(不可估量)的作用。

②(美国出钱出枪,蒋介石出人,替美国打仗杀中国人,借以变中国为美国殖民地)的战争组成了(美帝国主义在第二次世界大战以后的世界侵略政策的一个重大)的部分。

例①的句子主干是"原则……起……作用",例②的句子主干是"战争……组成……部分"。再循着句子主干分析其他成分,进而把握整个句子的意义,就比较容易了。

句子由词或短语构成,这些组合单位不是处在一个平面上,而是两两相配,从小到大,一层一层地组织起来的。也就是说,两个较小的语言单位,组合成较大的语言单位,再同别的语言单位组合成更大的语言单位。不但是句子,短语也是这样从小到大组合起来的。比如,"看惊险电影",其中"惊险"与"电影"组合成"惊险电影",再与"看"组合成"看惊险电影","看"与"惊险"不能组合。又如"一双红袜子",其中"一"同"双"组成"一双","红"同"袜子"组成"红袜子",然后"一双"同"红袜子"组成"一双红袜子"。这里的组合,就体现出了语言结构的层次性关系。运用层次分析法分析句子,就是要把句子内部结构的层次特点分析出来。

层次分析法的分析步骤如下:首先找出构成句子的两个直接组合成分,并用框式图把两个成分标示出来;然后确定两个成分之间的关系,并在框式图下标明。例如:

层次分析法的特点是尽量让词组充当句子成分,所以用层次分析法分析句子,要求从大到小,层层切分,一直到词为止。如果

切分出来的直接成分是词,那么分析就结束了,如果直接成分是词组,那就还要按上述步骤继续往下切分,直到所有词都切分出来为止。比如上例分析出来的两个成分"天安门广场"和"非常宽阔"都是词组,所以还要继续分析:

层次分析法的优点是:分析句子可以一层一层地分析、观察句子内部结构,符合语言结构的实际情况,不会割裂句子的意义,而且也不会造成结构上的混乱。比如"我确实一点儿也不喜欢那些自高自大的人",按成分分析法提取主干是"我喜欢人",与句子表示的意义正好相反,而按层次分析法分析,就可以避免这个问题。此外对于某些有歧义的结构,用层次分析法可以比较直观地把其意义差别显示出来,而成分分析法因为把所有成分都放在同一个平面上,因而就不容易显示这种差别。

六 常用动词谓语句

动词谓语句是单句中最常用的句式,我们重点介绍与动词有关的一些常用句式。

(一) 述宾谓语句

述宾谓语句就是由述宾短语充当谓语部分的句子,这种句子的谓语动词后面都带有一个宾语,动词表示发出的动作,宾语则是动词的动作行为关涉、支配的对象,或是动作的发出者等。

根据动词和名词的语义关系,宾语可以分受事宾语、施事宾语、关系宾语三类。例如:

①我们努力学习新技术。(受事宾语,表示对象)
②大楼入口站着个保安。(施事宾语,表示存在)
③站在门口的人是老师。(关系宾语,表示判断)

在述宾谓语句中,还有一些结构比较特殊的句式需要我们注意,这些句式是:动词宾语句、双宾语句、主谓短语宾语句、宾语前置句等。下面我们分别介绍。

1. 动词宾语句

动词宾语句的构成与充当谓语的动词的特点有关。从所带宾语看,动词有三种不同的情况:一是有的动词只能带名词性宾语,如"阅读""打击""歌唱""修理"等;二是有的动词既能带名词性宾语,又能带动词性宾语,如"喜欢""讨论""讨厌""参加"等;三是有的动词只能带动词性宾语,例如"进行""觉得""值得""加以""予以""给予""建议""感到""禁止""打算""允许"等。例如:

①新调来的老师特别喜欢打排球。
②大家共同研究怎样做这些工作。
③战士们在深夜向敌人发起进攻。
④我们应该坚定不移地进行改革。
⑤这部国产故事片确实值得看看。

第三类只能带动词性宾语的动词,其真正的语义是由后面所带的动词宾语来体现的,这类动词的语义很虚,通常叫作虚义动词或形式动词,这是一类非常特殊的动词。例如"对旧体制进行改革",这里的"旧体制"与动词的语义关系不是"进行",而是"进行"后面所带的宾语"改革","进行"在这里只是一个形式动词,其作用主要是在形式上补足音节,避免后面的动词孤立。这种情况在把字句里面最为明显,因为把字句的一个重要特点是动词不能是孤零零的光杆动词。例如"把这个问题加以解决",如果这个句子没有"加以",语义上讲得通,但是动词"解决"是孤零零的,语法上讲不通。

值得注意的是,有些动词充当宾语以后,已经失去了动词的一些特性,尤其是及物动词,不能再带宾语。如果表达时需要使用动词宾语句,而做宾语的动词又有逻辑上的宾语时,那么这个宾语不能直接放在动词宾语后,而要采用变化形式。试比较:

讨论这些问题——→对这些问题进行讨论
考虑这些提案——→把这些提案加以考虑
惩罚这些罪犯——→对这些罪犯予以惩罚
打击来犯之敌——→对来犯之敌给予打击

以上几个例句中的动词"讨论""考虑""惩罚""打击"本身都是及物动词,经常可以带宾语,但是它们充当了形式动词的动词宾语以后,失去了及物动词的特性,后面就不能再带宾语了。例如"讨论——讨论问题——对这些问题进行讨论""教育——教育他们——对他们进行教育",如果在表达中出现"我们进行讨论这些问题""我们进行教育他们"之类的句子,那么就是不符合汉语语法结构特点的句子,实际上就是病句。

2. 双宾语句

双宾语句,顾名思义,就是一个动词带有两个宾语的句式。

双宾语句中的两个宾语都是受事宾语,一般其中一个宾语指人,另一个指物。指人的宾语紧挨在谓语动词后,通常称之为近宾语;指物的宾语在指人的宾语后面,离动词较远,通常叫作远宾语。例如:

<u>你</u> 送 <u>我</u>(一朵)玫瑰花。

例句中的"我"和"玫瑰花"都是动词"送"的宾语,构成了双宾语句式。在双宾语中,指物宾语是动作直接涉及支配的对象,是最基本的,所以又称之为直接宾语,指人宾语与动词的联系不如指物宾语密切,所以又称之为间接宾语。

并不是所有动词都可以带双宾语。从意义上看,有两类动词可以带双宾语:一类是具有给予意义的动词,表示主语给予间接宾语什么事物,当然,这里的给予意义是比较宽泛的,如"给""赠""送""赠送""告诉""教"等动词。例如:

①他给<u>我</u>一本小说书。
②你告诉<u>他</u>有趣的事。
③我赠送<u>客人</u>一把剑。
④他教<u>我</u>不少新知识。

另一类是具有承受意义的动词,表示主语从间接宾语那里获得什么事物,这类动词常用的有"收到""拿""占""抢""欠"等。例如:

①我收到<u>朋友</u>一封信。
②他拿了<u>姐姐</u>一本书。
③你占了<u>我</u>不少时间。
④我仅仅欠<u>你</u>三块钱。

3. 主谓短语宾语句

主谓短语宾语句就是充当谓语的动词后面带的宾语,既不是名词,也不是动词,而是一个主谓短语,整个主谓短语充当宾语,构成了主谓短语宾语句。能够带主谓短语做宾语的动词主要有以下一些:"看见""知道""认为""希望""盼望""相信""证明""指出""感到""觉得""同意""报道""庆祝""高呼"等。例如:

①我们希望你能来。
②事实证明我正确。
③我坚决反对他去。
④他认为我不愿做。

上面四个例句中的主谓短语"你能来""我正确""他去""我不愿做"都是宾语。由于一般的句子都由主语和谓语构成,主谓句是最典型的句型,所以人们常把句子中不能独立成句的主谓短语称之为小句,主谓短语宾语句有的语法书也叫作小句宾语句。

4. 宾语前置句

在述宾谓语句中,一般情况下宾语都位于谓语动词的后面,但在下面两种情况下宾语要放在动词的前面:第一,整个句子表示"完全不"的意义,用"一……都"或"也……不"或"也……没有"格式将宾语前置,例如"我一个人也不认识""他一句话也没有说"。第二,宾语由疑问代词或由疑问代词充当定语的定中短语构成,含有遍指的意思,例如"我谁也不怕""他什么都敢吃""他什么事没有经历过"。

(二)动补谓语句

动补谓语句就是由述补短语充当谓语部分的句子,补语位于动词的后面。从补语和谓语动词的意义关系看,补语主要对谓语动词作补充说明,可以表示多种意义。例如:

①敌人被我军的气势吓〈倒了〉。
②柜子里的书摆得〈十分整齐〉。
③一个人从树林后面走〈出来〉。
④他一骨碌从床上爬了〈起来〉。
⑤我一连把课文读了〈三四遍〉。
⑥南京路我已经去了〈无数趟〉。
⑦我支农时在那里住了〈十天〉。
⑧为这个剧本他跑了〈三个月〉。

上面的例句中,第①②例中的补语表示结果程度及状态意义,第③④例中的补语表示动作的趋向,第⑤⑥例中的补语表示动作的数量,第⑦⑧例中的补语表示动作的时间。

补语和宾语都位于动词的后面,有时候二者还同时出现在一个句子中,要注意区别。我们可以从意义关系、结构特点、词性特点几个方面来考察。

(三) 把字句

把字句是汉语中非常独特而重要的一种句式,它强调动作行为的结果或方式。用介词"把"将谓语动词的宾语提到动词前面,组成介词短语做状语,就构成了把字句。例如:

①我们已打败了敌人。——我们已把敌人打败了。
②你先做好准备工作。——你先把准备工作做好。
③我打扫干净了房间。——我把房间打扫干净了。
④你带齐了会议材料。——你把会议材料带齐了。

通过上面的比较,我们认识到了把字句的构成特点,即用"把"字将宾语提到动词的前面。在表义方面,把字句不同于一般动宾谓语句。我们知道,句子传递信息是由旧信息加新信息这种方式构成的,新信息的重点则在句末出现。动宾句宾语位于句末,所以信息重点是宾语;而把字句宾语前置后,表示动作行为结果的词语位于最后,所以信息重点是强调动作行为的结果。强调对宾语的处置方式及处置结果,这正是把字句独特的表意功能。

把字句的构成有下列一些特点:

第一,把字句强调对动作行为涉及对象的处置结果,因此能构成把字句的动词一般必须是动作性较强的及物动词,例如"撕""放""买""打击""研究""讨论""批评""安排"等。非行为动词,即使是及物动词也不能构成把字句,例如表示存在的"有""存在""在",表示心理感受的动词"知道""希望""热爱""痛恨"以及趋向动词,都不能用于把字句,否则就是病句。例如"把信心有""把祖国热爱""把敌人痛恨""把学上""把门进"都是错误结构。

第二,把字句中的动词不能是光杆动词,动词前后必须有别的成分,或带状语,或重叠,或带补语,或带上时态助词,总之不能是孤零零的动词。例如:

①他把鞋子一脱。(动词前面有状语)
②你把这个意见考虑考虑。(动词重叠)
③小王立刻把窗户推开。(动词带补语)
④我先把灯关了。(动词后带时态助词)

第三,"把"的后置成分(即动词支配、涉及的对象)所代表的事物,必须是有定的事物,是特定的、具体的,是说话人和听话人都知道的事物。因为把字句强调动作行为对某一对象的处置结果,因此这一对象就必须是说听双方共知的具体事物,而不是泛泛指称。下列句子就不符合把字句的这个要求,所以是病句:

①我把一本书买回来了。
②你把几本书送给他吧。
③我把一些问题想一想。

第四,把字句中的副词和能愿动词状语,一般要放在介词"把"的前面。例如:

①他立刻把大门打开。
②我没把问题讲清楚。
③你应该先把饭吃了。

(四) 被字句

被字句是利用"被"字把动作行为的施事对象后置,而把动作支配对象前置充当主语的一种句式。一般的句子,总是动作发出者充当主语,动作涉及对象充当宾语,而在被字句中,借助介词"被",完全改变了这种位置关系。试比较:

①我们已打败了敌人。——敌人已被我们打败了。
②狂风刮倒了那棵树。——那棵树被狂风刮倒了。
③警察抓住了那小偷。——那小偷被警察抓住了。
④我们批评了他一顿。——他被我们批评了一顿。

被字句与把字句相比,除了施事和受事位置不同外,两者的结构特点很相似。首先,被字句的谓语动词必须是动作性较强的及物动词;其次,被字句的动词一般是双音节的,单音节动词前后必须有某些附加成分;第三,副词类状语一般位于"被"前面。

就感情色彩而言,被字句传统上多表示不幸或不愉快的事情,受事主语带上"被"变成被字句后,在语义上就多了一层不如意、不愿意、不希望发生的色彩意义。例如：

①没想到这事被他知道了。
②你说的话被科长听见了。
③好书都被先来的挑走了。
④他被下放到一个小山村。

当然，我们现在使用被字句，在意义上已不限于表示具有不如意或贬义色彩的内容。例如"他被大家推选为先进工作者""我去年被组织批准入了党""他一毕业就被分配到了中央电视台"等，反而表达了一种令人愉快的语义。但总的来说，被字句以表示不如意为常见。

（五）存在句

存在句是表示某处存在或出现人或事物的句式。例如：

①窗台上放着几盆花。
②舞台上坐着主席团。
③天上挂着一轮明月。
④村子外有一条小河。
⑤山顶上飘着些云彩。

存在句在结构上可以分为处所语、动词、名词三段，基本上与句子成分主语、谓语、宾语相对应。同一般句子相比，存在句有几个比较明显的特点：

第一，句首一定是表示处所的词语，通常由名词加上方位词构成，如上面例句中的"窗台上""舞台上""村子外"等。

第二，句中的动词后面一般要带时态助词"着"，主要表示当前事物持续存在的状态，一些表示人物行为状态的动词，也可以在后面加上"着"构成存在句,如"下巴上长着络腮胡""长城上站着些游客""床上躺着一个病人"。动词由于是表示持续状态,从某种意义上看已失去了"动"的特性,而趋于一种"静"的状态,因此动词与后面的受事名词的支配关系也趋于弱化。试比较:

① 我在西墙上挂了一幅画。——西墙上挂着一幅画。
② 她在手绢上绣了几朵花。——手绢上绣了几朵花。
③ 桌子上我放了好几本书。——桌子上放了几本书。

第三,句子后段的名词,大多是表示无定的,通常要用表示无定的数词"一""几"构成的量词词组修饰。而且名词无论是施事还是受事,一律位于动词后面,不像一般动词谓语句那样,表示施事的名词总要放在动词的前面。由于存在句的表意重点是突出表现存在事物的状态,因此,这些名词不论是施事还是受事,其表达效果完全相同。试比较:

施事名词	受事名词
教室里坐着好些学生。	门板上贴着门神。
嗓子里冒出一团白汽。	篮子里装满了苹果。
湖面上飞着数只白天鹅。	发髻上插着一串茉莉花。
花园里盛开着五彩缤纷的牡丹花。	墙的正中间挂着一张中国地图。

(六) 连动句

连动句是连动词组充当谓语部分构成的句式,表示主语先后连续发出的几个动作,是一种构造比较复杂的句子。一般动词谓语句,充当谓语的动词只能有一个,而连动句充当谓语的动词却有两个甚至多个。例如:

①我穿好衣服站起来。
②他拉着我的手不放。
③厂长写了一张便条撕给我。
④老王进来找个位置坐下了。
⑤大娘走过去打开门看了看说。

例①②③的谓语各由两个动词性成分构成,例④由三个动词性成分构成谓语,例⑤由四个动词性成分构成谓语。

连动句有下列一些特点:第一,几个动词的施事是同一个人或事物,共用一个主语,例如"我穿好衣服站起来",动词"穿""站"的动作行为都是"我"发出来的,"我"是这句话的主语。第二,几个动词之间没有陈述、支配、补充、限定、并列等关系,也没有主次之分。第三,几个动词之间没有语音停顿,书面上不能用标点符号隔开,同时也不用关联词语连接。像上面的五个例句,如果每个动词之间用了标点符号,或使用了关联词语,那就变成复句了。

根据动词之间的意义关系,连动句主要可分为以下三种类型:

第一种,前一个动词与后一个动词有时间先后的关系,表示先后发生的动作,如"他推开门走了进去""我读完这个故事讲给你听""战士们从战壕里跳出来扑向敌人"。第二种,前一个动作行为表示后一个动作行为的方式,例如"他笑着对我说""小宝宝在床上躺着不起来""他蹦跳着走过来"。第三种,后一个动作行为是前一个动作行为的目的,例如:"我们到操场上散步""我倒杯水喝""你赶快上街买点菜回来烧饭"。

连动句完全可以看作复句的紧缩形式,它以单句的形式,表达了复句的内容,使句子意义显得紧凑,使表达显得明快,所以这种句式在口语中使用得比较普遍。

(七) 兼语句

兼语句是由兼语短语充当句子谓语部分的句式。兼语句谓语部分一般有两个以上的动词,几个动词的动作行为不是同一个主语发出来的,第一个动词带有一个宾语,第二个动词又以第一个动词的宾语做主语,两个动词之间的名词性成分,既是前面动词的宾语,又是后面动词的主语,一身兼有二任,所以叫兼语,句子谓语带有这种兼语的结构,就是兼语句。兼语句的结构形式大致可以用"主语+动词1+名词+动词2"格式来表述,两个动词之间的名词兼做宾语和主语。例如:

①主任通知你明天下午参加会议。
②连长命令张亮在中午以前赶到。
③校长要求学生多做些社会调查。
④大家都异口同声夸赞他是好人。
⑤我有个姐姐在上海博物馆工作。

例①中的代词"你",既是动词1"通知"的宾语,又是动词2"参加"的主语;例②中的名词"张亮",既是动词1"命令"的宾语,又是动词2"赶到"的主语;以下三例中的"学生""他""姐姐"在句中都是兼做宾语和主语的成分,构成了兼语句式。

兼语句有下列一些特点:

第一,在结构上,兼语句前后连用的几个动词表示的动作行为,不是同一个对象发出来的,一般情况下是全句主语发出动词1的动作,动词1的宾语发出动词2的动作,如前面的五个例句就是如此。

第二,兼语前面的动词具有越位要求的特点,即动词1不但要带上宾语,要有支配对象,而且对它支配的对象怎么样还有进一步的要求,也就是说,动词1带上了宾语,还要进一步要求宾语发出相应的动作行为,如果宾语没有这个行为,没有满足动词的越位要求,那么这个句子就不能成立,如上面五个例句省略第二个动词变成"主任通知你""连长命令张亮""校长要求学生""大家都异口同声地说他""我有个姐姐"后,或者不成话,或者句子意思发生了变化,给人一种意思没有完的感觉。如果动词没有这种越位能力,就不能构成兼语句。例如"热爱""打击",可以带宾语,但对宾语怎么样没有越位要求,所以像"我们十分热爱党关心我们""我们狠狠地打击敌人四散奔逃"之类都是病句。

第三,通常能构成兼语句的动词主要有三种,第一类是含有指使、命令意义的动词,如"使""请""叫""让""派""劝""求""要""命令""通知""要求""请求""号召""发动""禁止""派遣"等,由这类动词构成的句子可以说是最典型的兼语句;第二类是表示感谢、赞许、责怪一类意义的动词,如"谢谢""感谢""佩服""夸奖""称赞""嫌弃""埋怨""责怪"等;第三类是表示存在、不存在的动词,常用的是"有""没有",这类动词还常常构成非主谓句,如"有个村子叫万家庄""没有人提出什么意见"。

兼语句和连动句谓语部分都有两个动词,但二者的内部结构关系并不相同,连动句的几个动词表示的动作都是全句主语发出来的,兼语句则是全句主语发出第一个动作,宾语发出第二个动作。比如这样两句话:"我有个哥哥上大学""我有个机会上大学",初看似乎都是同一句式,其实前者是兼语句,后者是连动句,区别就在于其中的动词"上"的动作的发出者不同。

在实际运用中,有时连动句和兼语句常常结合在一起。这有两种情况:一是单纯的兼语句套连动句或连动句套兼语句,例如

"科长叫我打的去火车站接客人"(兼语句接连动句)、"我立刻赶到外滩通知他们回来"(连动句接兼语句);二是连动句和兼语句的融合,即全句主语既发出动词1的动作,又与宾语同时发出动词2的动作,例如:"韩英带领游击队回到洪湖""我送你上医院""明天中午我请你喝酒"。

七　复句的基本类型

句子从结构上可分为两大类,一类是我们已经学过的单句,一类就是复句。

单句的构成成分是词或短语,复句的构成成分是分句。分句在形式上很像单句,但是它没有独立的语调,需要与其他分句相配合才能表达完整的意义。复句就是由两个或两个以上意义和结构有密切联系的分句构成的句子。

在日常交际会话中,我们经常使用一些结构比较简短的单句来表达交流思想,比如"谁""我""你好""真棒""太美了"这样的句子,在具体的社会环境中也能起到相互沟通的作用。但我们要进行比较复杂的判断、推理时,这种简短的单句就不能满足表达要求了,而必须运用结构更加复杂、表义内容更加丰富的句子形式,这就要用到复句。复句形式上虽然复杂,但各个分句前后联系紧密,意义密切相关,所以同样的内容,用复句表达比用单句表达更显紧凑、简练。试比较:

①他上课认真听老师讲课。
②他上课仔细做笔记。
③他勤于思索。
④他不懂就问。

⑤期末他取得了优异的成绩。

⑥他上课不但认真听老师讲课,仔细做笔记,而且勤于思索,不懂就问,所以期末他取得了优异的成绩。

上面例句的内容,用单句表达,使用了五个句子,形式上看起来很简短,而实际上显得很啰唆,节奏很缓慢,而用复句表达,尽管使用了五个分句,可是分句之间关系严密,意义互相关联,读起来反而显得更加简练、明快,意义表达也更显周密。

由此可见,掌握有关复句知识,对于准确地表达我们的思想,有着非常重要的意义。

同词语构成句子有一定的规则一样,分句构成复句,也不能任意堆砌,而是有一定关系的。比如"北京是中国的首都,所以我特别想去看看",两个分句之间有原因和结果的关系,所以这个复句构造是正确的。如果说"北京是个美丽的城市,所以北京是个大城市",这个复句就是错误的,因为前一分句不是后一分句的原因,根据前一分句也得不出后一分句的结论,二者之间没有因果关系。

分句之间不同的结构关系,就形成了复句的不同类别。

(一)联合复句

1. 并列复句

并列复句的几个分句的地位是完全平等的,没有主次之分,分句分别说明相关的几件事情、几种情况,或者同一事物的几个方面。并列复句常用的关联词语是"既……又……""不是……就是……""一边……一边……""一方面……另一方面……""又……又……""也……也……"。如:

①我一边大声地唱歌,一边欢快地舞蹈。

②他暑假又想去桂林,又想去张家界。

2. 连贯复句

连贯复句的分句表述事实,完全依据客观情况发展的先后顺序,依次说出连续发生的几件事。常用关联词语是"就""便""于是""然后""接着""一……就……"。口语中常常不使用关联词语,这种情况很像连动句打上了标点符号。例如:

①他拿着一根木棒,走了过去,一脚踹开门,冲了进去。

②战士们一来到村子里,就帮助老乡干活。

③先是刮大风,接着又下起了瓢泼大雨。

3. 递进复句

递进复句的各个分句表示的意义一层深入一层,后一分句的意思在程度、范围、数量等方面比前一分句要更进一步,层层推进。递进复句常用关联词语有"更""更加""并且""甚至""而且""不但……而且……""不仅……还……""不仅(不光、不只)……而且……""尚且……何况……""越……越……"等。例如:

①今年北方都异常地热,更何况这是南方呢。

②小王不但能唱歌,而且还会跳舞。

③我不仅能很好地完成这个任务,而且还可以提前一个星期。

4. 选择复句

选择复句的各个分句分别说明几种可供选择的事项,有两种情况:一种是任选,在多个选项中任选一项,或此或彼,这类选择复句常用关联词语是"或""或者""或是""或者……或者……"

"是……还是……";一种是限选,在几个选项中必选一项,非此即彼,二者必居其一,这类选择复句常用关联词语有"不是……就是……""与其……不如……""与其……宁可……""宁可……也不……"。例如:

①这次运动会,你是参加打篮球,还是参加田径赛呢?
②让老张去办这件事,或者他安排别人去办。
③从北京到天津,与其坐火车,不如走高速公路坐汽车。
④宁可站着死,也不跪着生。

以上四种复句,有一些共同特点,一是各个分句的地位是完全平等的,无所谓主次之分,二是它们都可以增加分句进行扩展,扩展后结构层次不变,所以一般统称为联合复句。

(二)偏正复句

1. 转折复句

转折复句前一分句说出一种意思,后一分句不是顺着前面分句的意思说下去,而是转到了相反的方面,后一分句的意思是相反的,对立的。转折复句常用关联词语有"只是""但是""可是""不过""只不过""虽然……但是……""尽管……但是……"等。例如:

①你近几年确实取得了不少成绩,不过也不应该那样骄傲自满啊!
②虽然已经是深秋了,但是天气依然很热。
③他还不到六十岁,却早已是满头白发。

2. 因果复句

因果复句前一分句表示原因,后一分句指出由此产生的结果。

因果复句可分两种:一种是说明因果,常用关联词语是"所以""因而""因此""因为……所以……""由于……所以……""之所以……是因为……"等;一种是推论因果,即根据偏句推断出结果,常用关联词语有"可见""既然……就……"等。例如:

①现代社会新技术、新产品越来越多,因此每个人都必须不断地学习新知识。

②因为同类的书我已经有两种,所以这本书送给你好了。

③他一见警察就躲开,可见他心里有鬼。

④既然你不想被淘汰,就得多掌握一些新的技术知识。

3. 条件复句

条件复句的分句之间有条件和结果的关系,前一分句说明条件,后一分句说明结果。可分有条件句和无条件句两种。有条件句的条件和结果是一致的,常用关联词语有"如果……那么……""假如……那么就……""要是……就……""只要……就……""只有……才……""除非……才……";无条件句的条件和结果不一致,即有没有这个条件都会产生同样的结果,常用关联词语有"不论……都……""不管……也……""任凭……仍然……"。例如:

①如果明天要下雨,那么运动会就延期举行。

②只要肯付出,就一定会有收获。

③不论你同意不同意,我明天都要去。

4. 让步复句

让步复句前一分句表示一种假设条件,后一分句并不产生相应的结果,条件和结果是对立的,正句的语义与偏句刚好相反,着重强调结果的不可更改。让步复句的条件和结果都是没有证实的,有点类似于条件句,前后语义关系对立,又有点类似于转折复句。常用关联词语有"即使……也……""纵然……也……""就算(哪怕)……也……"等。例如:

①纵然山有虎,也向虎山行。
②即使你不帮忙,我们也能按时完成任务。
③哪怕你刀砍火烧,也动摇不了我的意志。

转折复句、因果复句、条件复句和让步复句有如下一些共同点:一是复句表义重点一般在后一分句,前一分句是偏句,后一分句是正句;二是复句不能扩展,扩展后将改变层次,分析时每层只能二分。这几种复句统称为偏正复句。

上面我们介绍的是复句的基本类型,以两个分句为主,只有一个层次。实际上,运用语言时,为了表达比较复杂的语义内容,我们经常把几种类型的复句结合在一起,构成两个以上的层次,这就是多重复句。例如:"因为我们是为人民服务的,所以我们如果有缺点,就不怕别人批评指出。"这个复句有三个分句,第一分句和二、三分句之间是因果关系,二、三分句之间又构成条件关系。

一般用划线法分析多重复句的结构层次关系。即用竖纵线"Ⅰ、Ⅱ、Ⅲ……"插在相应的分句之间,分别表示第一、二、三层次,然后在相应的竖纵线下写明前后分句的结构关系即可。这种分析方法比较简便,可以一目了然地观察复句的结构层次。例如:

他上课不但认真听老师讲课,Ⅲ 仔细做笔记,Ⅱ 而且
　　　　　　　　　　　　　　并列　　　　　　　　递进
勤于思索,Ⅲ 不懂就问,Ⅰ 所以期末他取得了优异的
　　　　并列　　　　　因果
成绩。

八　句子运用中常见的语法错误

无论说话还是写文章,运用词语构成句子,要考虑多方面的问题,比如一个词的意义、功能、与别的词的关系等,这样才不至于造出病句来。我们使用句子,在大多数情况下不会有什么问题,但有时候也会出现错误,造出种种病句。这有两种情况:一是大意造成失误,如口头表达来不及仔细推敲,"慌不择词";二是对一些词的用法要求、与其他词的关系认识不清。无论是哪种情况,结果都造成了病句。

语法错误的情况各式各样,比较复杂,我们这里介绍常见的几种情况。了解一下句子运用中常见的语法错误,有助于提高我们辨别正误的能力,提高运用语言的水平。

(一) 搭配不当

除了口头交际时使用的独词句外,大多数句子在使用时都是由两个以上的词组合而成的,就有个搭配问题。这就必须考虑词语相互之间的意义、关系。词语组合的实质就是搭配问题。那么词与词的组合有什么要求呢?用词造句应该注意哪些问题呢?词与词的搭配,也就是词语组合,要注意符合语法关系,符合事理逻辑,符合语言习惯。

运用词语组成句子,特别要注意词和词之间的相互配合,这样才能准确地表达意义。运用句子,首先就要考虑词语之间的搭配问题,弄清词的特点,注意词的组合要求。词与词的配合如果不符合事理,不符合习惯,不符合语言的结构规律,就会出现搭配不当的毛病。常见的主谓搭配不当、动宾搭配不当、修饰语与中心词搭

配不当等语病,就是违反了词的组合规则造成的,例如:

①深秋的香山,是红叶最好看的季节。
②方方正正的博士帽,是每个人都十分羡慕的称号。
③我国石油的生产,现在已经能自给自足了。
④见到久别的亲人,他激动的心情一句话也说不出来。
⑤我们一定要毫不动摇地坚定改革开放的大方向。
⑥她多次深入基层演出,而且从不演唱那些庸俗的节目。
⑦那一张张亲切的笑容,我至今难以忘怀。
⑧据说蜜蜂酿造一公斤的蜜,需要采大约五十万朵花粉。

例①、例②是主语和宾语搭配不当。在判断句中,主语和宾语在词性和语义性质方面必须一致,例①中的"香山"是空间概念,"季节"是时间概念,互相不能搭配。这句话可把"季节"改为"地方",或让"深秋"充当主语。例②的情况一样。例③、例④是主谓搭配不当。例③中"生产"与谓语"自给自足"不能搭配,可把"石油"放到主语中心词位置上。例④"心情"与"说不出来"无法搭配,可将第二句改为两个句子:"他心情激动……"例⑤、例⑥是动宾搭配不当。例⑤中"坚定"与"方向"不能搭配,可把动词改为"坚持",或把宾语改为"立场"。例⑥可将"演唱"改为"表演"。例⑦、例⑧是修饰语和中心词搭配不当。例⑦中"一张张"和"亲切"不能修饰"笑容",可把中心词改为"笑脸"。例⑧中"五十万朵"不能修饰"花粉",可把后者改为"花"。

(二)语序不当

语序就是词语组合的先后顺序,语序既反映一定的语法结构关系,也体现一定的逻辑事理关系,是汉语词语组合的重要手段。

同样的词语，语序不同，语法关系就不一样，意义往往也有很大差别。例如"他学习"是主谓结构，"学习他"是动宾结构；"很高兴"是状中结构，"高兴得很"是动补结构；"我知道这个人"是动宾谓语，"这个人我知道"是主谓谓语；"不都懂"是懂一些，"都不懂"是一点也不懂。

因此，运用词语一定不能把顺序搞颠倒了，例如"我们把敌人打败了"，说成"敌人把我们打败了"，那么意思正好相反。如果语序运用不当，造出的句子就有可能不通顺，或者产生歧义，引起误解。例如：

①观众们用掌声热烈回报她。
②同学们把任务已经完成了。
③这是唐代新出土的珍贵文物。
④两个朋友送的花瓶特别漂亮。

例①是定状错位，应该把"热烈"移到"掌声"前面。例②不符合把字句的语序习惯，在把字句中，副词做状语通常要放在"把"之前。例③容易使人以为文物是唐代出土的，所以应把"新出土的"移到"唐代"之前。例④也是一个歧义句，因为"两个"既可以修饰"朋友"，也可以修饰"花瓶"，要根据具体情况调整语序。

下列句子语序不当，请试着加以纠正：

①刘晓莉是活泼可爱的一个女孩子。
②贩毒分子把毒品很有可能事先转移了。
③四个少数民族学校的学生参观上海博物馆。
④这是新买的速度非常快的我的计算机。
⑤今年我还欠款八千元。

（三）结构成分不完整

运用词语组合成句，当句子比较简单时，一般不会出现结构不完整的情况，而当句子结构较长、成分较多时，顾此失彼，就容易造成句子成分残缺。由于句子缺少必要的成分，结构不完整，使得句意也不明确。例如：

①从广大观众这些热情洋溢的来信中，使我受到了极大的鼓舞。

②经过专家们对比研究和试用，一致肯定了这种先进的汉字输入方法。

③小林妹妹结婚的时候，她的伴娘叫小梁。

④你要到故宫参观，那么可以一直沿着这条马路。

⑤厂职代会提出了解决职工宿舍缺乏。

⑥我们要培养学生从小养成刻苦钻研、勤奋好学。

例①缺主语，可去掉"使"，让"我"充当主语，也可去掉"从"和"中"，让"来信"充当主语。例②中后一句缺主语，可把"经过"移到"专家们"后面，让"专家们"做主语。例③缺谓语，可在"时候"后加上"找了个伴娘"，然后把"她的伴娘"改成"名字"。例④后一分句缺谓语，可在句末加上"走"。例⑤中"提出"和"解决"都缺少宾语，可在句末加上"问题的对策"。例⑥缺宾语，"养成"不能与非名词性成分搭配，可在句末加上"的习惯"。

把字句的谓语动词，不能是孤零零的光杆动词，前后一定要有其他成分，否则，就会造出不符合语言习惯的句子。例如下面的句子，括号里的成分都不能少：

①他把红旗向东边（一）挥。

②我已经把衣服洗(干净了)。
③你在会上把有关的情况介绍(一下)。
④我们下午把你的问题研究(研究)。

(四)结构和语义关系不明确

由于词与词之间的关系是交错复杂的,因此组词成句,要特别注意明确词语之间结构关系和语义关系,避免因混淆而造成歧义。比如"咬死了猎人的狗",可以理解为狗咬死了猎人,也可以理解为猎人的狗被咬死了;"发现了敌人的哨兵",其中"哨兵"可以理解为敌人的,被发现了,也可以理解为我方的,发现了敌人。出现这种情况就是因为组合时没有注意词语之间的结构关系,造成了歧义。

句子产生歧义,多与使用了歧义词组有关,形成歧义的原因比较多,如多义词意义不明确、词组层次关系两可、名词与动词的施受关系含糊等等。下面这些词组都有歧义:

①热爱人民的周总理
②关心的是他的母亲
③找到了叔叔的孩子
④他正在甲板上写字
⑤听说她谁都看不上

可见,使用句子,不但要注意结构是不是正确、搭配是否得当,还要注意语义是否明确,有没有歧义,会不会造成误会,会不会影响信息的准确传递。任何人说话的目的,都是为了传送信息、交流思想,如果句子有歧义,模棱两可,句意不明,就难以达到说话的目的。

句子结构关系和语义关系不明,常见的毛病还有一种杂糅情况,就是在一种句式中套用另一种句式,或者硬把两个句子结构糅在一个句子形式中,互相混杂纠缠,结果造成结构不清、语义不明。例如:

①我们要充分进行研究这个问题。
②著名文学家鲁迅的家是在浙江绍兴人。
③比喻就是打比方的修辞方式叫比喻。
④我决心做好一个合格的人民教师工作。
⑤这次春季运动会场地将设在工人体育馆举行。
⑥谁也没有想到她当了三年打工妹出身。

修改这种病句,可分析用了哪两种句式,选用其中一种即可。例①将"对问题进行研究"和"研究问题"两种句式套在一起了,"研究"充当动词宾语后,一般不能再带宾语。例②将"家是在某地方"格式和"……是某地人"纠缠在一起了。例③可去掉"叫比喻",也可去掉"比喻就是",两种方式保留一种即可。例④将"做好工作"和"做合格的教师"套在一起了。例⑤把"运动会举行"和"场地设在"格式套在一起了,或选用一种说法,或分两句。例⑥把"当了打工妹"和"是打工妹出身"套在一起了。

句子运用中的语法错误当然不止这些,比如还有数量问题、时态问题、指代问题、成分多余、分句缺少联系、关联词语使用不当、分句之间的意义联系不当等。有个人要给在外面跑生意的父亲写信,说母亲身体不好、家里最近失窃两件事。他写道:"因为母亲生了病,所以家里最近失窃了。"这两件事没有关联,更没有因果关系,因此也是病句。

以上病句的种种情况说明,平时运用句子表达思想,需要我们在使用语言时要多加注意,既要注意前后词语的关系,又要注意前后句子的关系,仔细斟酌,表达才不至于出错。

结束语

　　以上,我们学完了有关语法的知识,不知你的感觉如何。或许你会问:学了这些知识有什么用处？我们不都会说话吗？那么我问你:许多人不懂什么音乐知识,也会唱歌,可为什么还有那么多的人去考音乐学院呢？如果我们掌握有关音乐知识,是不是可以唱得更好一些呢？我们要学习语法知识,道理也在于此。或许你觉得语法知识太复杂了,很难掌握。不过你千万不要紧张,语法知识是我们天天说话都要用到的,其实一点也不神秘,因此没什么不能掌握的。关键是我们匆匆忙忙学了一遍,有关的知识还没在我们脑子里留下什么印象,要回答有关问题,就难免糊涂。那么,不要紧,我们先静下来,从头到尾复习一遍,把各个部分讲的基本内容搞清楚了,有关知识也就掌握了。怎么样,我们用所学的知识分析分析语言现象如何？这样热炒热卖,效果一定不错。相信你有能力完成这个并不算艰巨的任务！当然,掌握书本知识是一方面,最重要的还是要在语言实践中进一步消化,做到学以致用,提高使用语言的水平,这才是学习语法的目的。

第五章　记录语言的符号
——文字

我们的祖先真是聪明,发明了相互沟通思想的语言!会说话,会用语言回述昨天发生的事情,会用语言畅想未来,这已经使得人类远远超过其他动物而被我们自己称之为高级动物了。可是我们的祖先在劳动实践中发现,有声的语言虽然优秀,但是不能"传于异地,留于异时",交际双方只能当面锣对面鼓地进行,而且双方口头约定的事情因为口说无凭,到时其中的一方抵死不认也难说呢!这么看来,有声语言又有它的缺憾。为此,我们伟大的祖先们又发明了文字来记录语言,这下就弥补了有声语言的不足了。那么文字是怎样构成的呢?今天的文字发生了什么样的变化?现状如何?怎么样使用?对这些问题,你一定很感兴趣,那么我们就简要给大家谈谈文字的有关知识。

一　文字的神奇作用

文字有两种含义,一是指用来记录语言的书写符号体系,一是指用文字记录下来的书面语言。一般所说的文字,通常指的是前者,即用一定的点和线条构成的记录语言的书写符号体系。

文字是在有声语言的基础上创造出来的,是书面上代表语言的符号。

任何符号,都由能指和所指两个方面构成,二者统一于一体。能指是符号的外在形式,是人的各种感觉器官能感觉到的,例如声音、色彩、线条、手势等;所指是符号代表的意义内容。例如十字路口亮着的红灯表示"禁止前进",汉族人点头表示赞同。语言就是一种符号系统,它以语音为形式构成,所指则是语音代表的意义。

同所有符号一样,文字符号也有能指和所指两个方面。能指是文字的形式,由不同的点线按一定方式组合而成;所指是文字的内容,也就是语言,包括语音和意义。任何一种文字符号,由于都是记录语言的,所以既代表一定的声音,又表示一定的意义,必定要和语音、语义发生联系。例如汉字系统中用偏旁"女""马"构成"妈"字,这个字既表示读音"mā",又表示"母亲"这个含义;英文用字母 m、o、t、h、e、r 六个字母组成一个书面符号"mother"来表示"母亲",读音是[ˈmʌðə]。

由此可见,虽然不同的文字系统记录语言采用的形式不同,记录语言的方式不同,但离不开语言、依附于语言而存在的原则都是一样的。因此,从本质上看,文字是一种符号,是语言的书面载体,在书面上代表语言,使语言得以再现,并通过语言发挥其作用。我们强调要正确运用文字,不要读错、写错,就是因为文字在书面上是代表语言的,只有正确运用,才能通过文字准确传递信息。

文字记录语言,最突出的作用是拓宽了语言使用的空间范围,它把属于听觉方面的有声语言符号凝固于书面,转变为无声的、属于视觉方面的符号,从而突破了有声语言传递信息的时间和空间局限,延伸了语言的功能,扩大了语言的使用范围,弥补了有声语言在使用方面的不足。在文字产生以前,人类运用有声语言交际只能同时同地进行,因为语言出口即逝,根本不能进行异时异地的交往。而利用文字进行交际,由于语言凝固于书面,不再受时空局限,人类交际沟通获得了比以往更大的自由,所以,文字是辅助和扩大语言交际的最重要的工具。当然,文字的这种作用,是以记录语言为前提的,离开了语言,文字无所依附,也就失去了存在的意义。

汉字是记录汉语的书写符号系统,是汉民族在长期的生产实践中创造出来的,是世界上最古老的文字之一,而汉字至今仍然还在使用,并且发挥着越来越大的作用,显示出旺盛的生命力。汉字不但记录汉语,而且还先后被日本、朝鲜、越南等国借去记录它们的民族语言,日本、韩国文字中至今还夹杂着汉字。在我国历史上,契丹、西夏、党项、女真等古代少数民族也曾经模仿汉字创造了独特的文字系统,从而形成了汉字文化圈,即在汉字基础上形成的汉民族文化所影响的区域,具体地说,是指以中国为主体,包括韩国、日本、东南亚诸国在内的使用汉字的国家,历史上,还包括汉民族周边的一些少数民族。可见,汉字为记录汉民族文化和其他民族文化都作出了卓越的贡献。学习、了解、研究汉字,对于发扬光大汉字的优点,促进汉字的发展,无疑具有十分积极的意义。

世界上所有的文字,根据记录语言的方式的不同,可以分为拼音文字和非拼音文字两大类。英文、德文、法文等是拼音文字,语音与字形结构之间有一定的对应关系。汉字是非拼音文字,字形结构与所记录的音节中的音素没有对应关系。在世界所有文字体系中,汉字是比较独特的,无论是记录语言的方式,还是自身的构造形式,汉字都有许多特点。

汉字的主要特点是:第一,在语音上代表音节,一个汉字基本上就是一个音节。第二,汉字在意义上代表语素,绝大部分汉字都表示语素,具有独立的读音和意义,有少部分汉字没有意义,必须把几个汉字合起来表示意义,这些主要是联绵字,例如"葡萄""枇杷""妯娌""翩跹""窈窕"等。第三,从内部结构看,汉字具有理据性,包含着丰富的汉民族文化信息,大部分汉字的结构成分与字音或字义有联系,通过汉字内部结构分析,我们甚至可以窥见古代的风俗、社会发展、认识水平等。例如"犁"字,"利"表示读音,"牛"表示这个字的意义同牛有关,这个汉字证明我国驯牛耕地已有相当长的历史。当然,汉字的这些特点是和拼音文字相比较而言的。认识汉字的特点,有助于正确使用汉字。

此外,从形体看,汉字具有明显的方块特征,是方块平面型文字。拼音文字的字母组合一般是单向行进的,或从左到右,或从右到左,或从上到下,以一个词中音素组合的先后顺序来排列字母,因而具有线性特点,由于一个词的音素多少不一,所以词形长度各不相同。汉字的笔画、偏旁则是多向行进的,时左时右,时上时下,或左右上下同时多向展开,每个字都占同样大小的空间,具有平面性特点。汉语独有的对偶辞格,与汉字结构的这个特点不无关系。

汉字的神奇作用还在于,它能够把现代汉语差别巨大的方言很好地统一在书面语中!现代汉语七大方言,虽然都是来自汉语这个祖宗,互相具有千丝万缕的联系,但是相互之间的差别之大超过了西方的一些语言,不同方言区的人如果使用各自的方言,口头交际时互相之间几乎无法听懂对方,但是通过汉字记录下来,这种方言之间的障碍和隔阂一下子就被打破了,完全没有了壁垒。所以汉字在汉语中具有超越空间、超越方言的功能,这种功能在无形中又维护了汉语的统一,使汉语不至于四分五裂甚至分化为不同的语言。这可以说是汉字对汉民族文化发展最独特的一大贡献。

汉字里面有乾坤。透过汉字,我们能够窥视到汉民族文化的历史发展,看到古代先民认知世界的方式,认识到古代社会生活的概貌。例如"贺""资""贷"这些汉字,表示与经济活动有关的意义,都采用了"贝"字充当偏旁,见证了古代汉民族采用贝壳充当货币的历史。"妓""婪""奸""奴"这类具有贬义色彩的汉字都带有"女"字偏旁,反映了古代社会中国妇女地位的低下。"感""情""思""想""念"这类表示心理活动的汉字都带有一个"心"旁,说明我国古代对于思维器官的错误认识。汉字的结构特点,可以毫不夸张地说,体现了中国文化的基本特点和基本精神,是见证汉民族历史文化发展的活化石!

由于汉字结构的独特内涵,在汉字基础上形成了许多有趣的汉字文化现象,最典型的莫过于书法和篆刻这两种享誉中外的汉字艺术。将文字做成了艺术品,这也是世界上少有的文化现象。又如对偶、对联、连边、嵌字、析字、回文等修辞格,都是汉语里面独有的,非常值得玩味。据说"月冷霜华洁影芳花"这八个字,首尾相接排列成一个圆圈,可以读出四言、五言、六言、七言诗各32句,一共128句。比如四言"月冷霜华,洁影芳花。冷霜华洁,影芳花月……"五言"月冷霜华洁,洁影芳花月。冷霜花洁影,影芳花月冷……"六言"月冷霜华洁影,洁影芳花月冷。冷霜华洁影芳,影芳花月冷霜……"七言"月冷霜华洁影芳,洁影芳花月冷霜。冷霜华洁影芳花,影芳花月冷霜华……"

由此可见,学习了解老祖宗留给我们的汉字的有关知识,不但有意义,而且也非常有趣!

二 汉字的发展历史

汉字产生于原始社会末期,至今已有六千多年的历史,是世界上使用时间最长的文字体系。在这漫长的时间里,汉字字体,也就是汉字的书写形式,发生了相当大的变化,经历了好几个阶段的发展过程。根据字体的结构特点和发展顺序,汉字字体大致可以分为篆书、隶书、草书、楷书四种。

(一) 篆书

篆书是指一种笔画圆转连绵的字体,主要应用于殷商至秦这段时间。根据各个时期的特点,篆书又可分甲骨文、金文、大篆、小篆几个阶段。

1. 甲骨文

甲骨文是三千多年前的殷商时代通行的文字。甲骨文主要是记录商代王室贵族有关占卜活动的内容,因为是刻写在龟甲和兽骨上面的,所以人们便将它称为甲骨文,是商代晚期汉字字体的代表。我们目前能见到的最早而又成批的古代汉字材料,就是甲骨文。甲骨文的主要特点是图画特征比较明显,从中可窥见原始图画文字的痕迹。由于甲骨文是用刀在龟甲和兽骨上刻写的,所以笔画比较细瘦。我们今天使用的汉字,就是从甲骨文这个系统发展而来的。

2. 金文

金文又叫钟鼎文,它是古代浇铸在青铜器——钟鼎、生活用品、武器等上面的文字。古代人把青铜称作金,所以后世就把青铜器上的文字叫作金文。金文所涉及的内容也是多方面的,主要是关于祀典、分封、征伐、约契以及器主的功绩等的记载,有极高的史料价值。金文主要指西周及春秋时代的铜器上的文字,是这个时期汉字字体的代表。由于金文是浇铸而成的,所以笔画肥大厚实,结构、行款比甲骨文更趋整齐,图画特征明显减少,文字符号特征则进一步加强了。这种变化,是作为记录语言的文字发展的必然结果。

3. 大篆和小篆

大篆是春秋战国时期秦国流行的汉字字体。秦国兴起的地方正是周朝的故地,所以秦国文字就不能不受前代文字的影响。大篆这种字体,就是从西周金文直接发展而来的,二者的关系十分密切。大篆字形及结构特点与金文大体相同,变化小而规范,可从中清晰地看出汉字字体发展的痕迹。不过大篆字体比金文又进了一步,字形整齐匀称,笔画粗细一致,更加线条化了。石鼓文是大篆字体的代表。

小篆是秦统一六国后通行于全国的标准字体。秦始皇统一中国后,原来各国纷争的局面结束了,各地之间的联系日趋密切,交往越来越多,这样,形体各异的汉字就适应不了时代的需要,这种情况严重妨碍了人们的交际,也严重影响了中央集权有关政令的通行,不利于社会的发展。因此,为了政治、经济等方面的需要,秦始皇进行了一系列的改革活动,实行"书同文"的政策,以秦国流行的大篆作为整理汉字的基础,一方面废弃六国古文中与秦国文字差异较大的字,另一方面则省改大篆的笔画和结构,使之更加简易、规范,从而使原来纷繁的汉字字体统一起来,有了共同的标准,这种统一的字体就是小篆。小篆是我国历史上第一次汉字规范化的产物,在汉字发展史上具有十分重要的地位。小篆的通行,结束了从甲骨文以来一千余年汉字形体纷繁、写法多样的混乱局面,从而使汉语书面用字高度统一起来,这对于促进各地文化的交流,促进汉民族文化的发展,促进汉民族书面语的形成和统一,都起了积极的推动作用。

（二）隶书

隶书在战国时代就已出现，秦统一中国的时候，民间流传更加广泛，已基本上形成了一种字体。秦时的一些下层办事人员，为了省时、快速，在抄写东西时不完全按照小篆的笔画、结构书写汉字，而采用当时民间比较流行的简体汉字，在此基础上又把小篆作了一番改造，从而逐渐形成了一种新的字体。因为这种字体是下层官吏、差役等使用的，所以就被称之为隶书，"隶"就是徒隶的意思。

隶书在秦代只能用于一般文书及日常书写，在正式庄重的场合，仍然要用小篆这种标准字体，隶书只对小篆起辅助作用，所以又叫"左书"。最初的隶书因为受篆书的影响，还带有小篆的某些特点，笔画及字形结构都比较复杂，人们把这时的小篆称为秦隶、古隶。到了汉代以后，隶书逐渐摆脱了小篆的影响，发展成为一种全新的汉字字体，从而取代小篆成为通用的字体。东汉时，隶书发展到了高峰，这时的隶书笔势舒展，结构匀称，字形平稳，笔画讲究波势挑法，字体更为整齐美观。这个阶段的隶书，笔画结构就简化多了，人们称之为汉隶、今隶。

隶书比篆书更加便于书写应用，它对小篆的笔势、笔画、偏旁结构都作了不同程度的改造，形成了汉字点、横、竖、撇、捺等基本笔画，把汉字改造成棱角分明的扁方块。古代汉字的图画痕迹，经过隶书阶段的发展变化，已经完全消失了，汉字完全符号化了。因此，隶书是汉字发展史上的一个转折点，是古今汉字的分水岭。

（三）草书

草书是汉代在隶书的基础上形成的一种字体，它是为了书写快速而发展起来的。据说草书得名于打草稿,"草"有"草率""潦草"之意。草书一般又分章草、今草、狂草三种,主要用于日常书写,正式场合如公文、布告、碑帖之类,仍然要用隶书。

草书最初和隶书的关系比较密切,字体中还保留有隶书的某些波势特点,书写时笔画相连,但字字独立,有些字只不过是隶书的简写,字形结构还看得出来,辨认也不困难,所以有人称之为草隶,东汉初年的章草就具有这些特点。草书发展到东汉末,在章草的基础上产生了今草,今草与隶书形体相差很远,几乎没有什么联系了,不但笔画相连,而且字字相连,书写十分潦草,有时一个字仅保留了一点轮廓,许多不同的偏旁,如竹字头、心字底、四点底等,都变成了一个形状,辨认起来十分困难。狂草产生于唐代,是在今草的基础上发展起来的,其潦草、简化的程度,更是达到了登峰造极的地步,书法家书写时任意挥洒,随意增减笔画,写出来的字如龙蛇飞舞,一般人很难看懂。

草书的特点也正是它的弱点。由于它太难辨认,所以后来就逐渐失去了文字的实用价值,而仅仅是作为汉字特有的一种书法艺术存在了。

(四)楷书和行书

楷书又名正书、真书,楷是楷模的意思,意即楷书可以作为书写的楷模。楷书同隶书的差别不是很大,主要是去掉了隶书的波势挑法,隶书的许多特点,如方块的形体、分明的笔画、构字的偏旁系统等,楷书都继承了下来。楷书没有隶书的波挑之势,比隶书方正,笔画十分平直,字形比较平稳,整个字形向里集中,结构显得紧凑、严谨。

楷书受隶书和草书的影响,既继承了隶书结构上的特点,同时也吸收了草书笔画简单的优点。它把隶书的波折笔画改为平直的笔画,把隶书扁平的方块变成竖长的方块,又把草书的连笔分解成基本笔画,保留了一些复杂汉字的基本轮廓。今天我们使用的许多简体字,实际上都是从草书来的。

楷书出现于东汉,到魏晋时就完全成熟并代替了隶书,成为汉字通用的书写形体,至此方块汉字就完全定型了。由于楷书比隶书好写、好认,所以很快就被全社会接受,沿用了一千多年,至今仍然是汉字通用的标准字体,广泛应用于各种场合。

行书的产生稍后于楷书,是介于草书和楷书之间的一种字体。楷书笔画工整但不便快写,草书写起来快速但不易认读,二者在运用中都有一些不足之处。行书则同时兼有楷书和草书两种字体的一些优点:近似于楷书又不像楷书那样拘谨,书写较为灵活流畅;近似于草体又不像草体那样任意挥洒,比较容易辨认。有人说,草书如飞,楷书如立,行书如走,倒十分生动形象地说出了它们的特点。

由于行书的上述特点,行书具有较高的实用价值,应用十分广泛。今天,行书已成为同楷书印刷体相对的一种字体——手写体,具有与楷书同等重要的作用,人们日常书写记事,一般都使用行书。

汉字发展到楷书以后,字体就基本上稳定了,代之而起的是汉字内部的变化,最主要的是笔画的简化。汉字从甲骨文发展到楷书的过程,其实也是一个简化的过程,例如小篆就比大篆结构简单,隶书改造小篆,合并偏旁,分化偏旁,改变小篆的笔形,从具有篆书的某些特点的古隶到完全摆脱篆书图画特征的今隶,更是汉字发展史上的一次空前大简化。虽然汉字在发展过程中,出于突出字音、字义和分化字义的需要,有的汉字增加了形旁,有的汉字增加了声旁,出现了一定的繁化倾向,但从总的趋势看,汉字的形体是越来越简化了。

汉字形体在小篆以前,以圆曲为主要特征,还没有形成基本笔画,到隶书以后,汉字形体以方直为主要特征,体态发生了很大变化,原来的一些象形字也不象形了。从圆曲到方直,可以说是汉字形体的简化。不过,这期间汉字的演变以字体演变为主,楷书以后笔画的简化,比以前更加明显,成为汉字发展的主流,许多简体字由此而生。

简体字是相对于繁体字而言的,是在繁体字基础上形成的笔画少、结构简单的汉字。繁体字是笔画多、结构复杂,已经被简体字取代的那些汉字。没有被简体字代替,笔画结构虽然复杂,也不是繁体字。绝大部分简体字的读音、意义与繁体字相同。但是也有少部分简体字与繁体字在意义用法上不完全相对应,尤其是同音替代的简体字,往往代表了几个原来不同的字。如果在一些特殊场合需要使用繁体字时,注意不要机械地繁简对应,以免弄错。例如"后"的本来意义是指君王、皇后、太后,后来人们又用它替代同音的繁体字"後",因此,如果需要使用繁体字,只有"前后""落后""后代"这类词可用繁体字"後","皇后""太后""母后"一类词不能使用繁体字,否则就会闹出笑话来。

中华人民共和国成立以后,党和政府为方便人民群众更好地学习科学文化知识,掌握汉字书写工具,根据"约定俗成,稳步前进"的原则,整理了一批历史长、流传广、影响大的简体字。1956年国务院公布了《汉字简化方案》,经过多年试用,于1964年编制出《简化字总表》。1986年重新发表,个别字作了调整。这个表收入了2235个简体字,平均每字10.3画。被简化的2235个繁体字,平均每字15.6画。

当然也应看到，简体字虽然易学易用，但由于笔画、结构的简化，区别特征减少了，混同的可能性就增大了。因此，简化汉字应适度，而不是越简单越好，更不能随意乱简。从有利于人们学习使用、计算机的存储、工具书的编印等方面看，汉字形体有必要保持相对稳定性。1986 年 1 月，全国语言文字工作会议明确宣布，以后，汉字简化要持极其慎重的态度，使文字在一个时期内保持相对稳定，以利应用。我们要自觉遵循国家有关语言文字的政策，维护汉字的规范统一，正确使用汉字。国务院正式公布的简体字，已取得了法定的地位，原来的繁体字已被废除，只能用于某些特殊场合，因此，一般书刊报纸等不应再使用繁体字。

三　汉字的结构单位

汉字的结构单位可分笔画和偏旁两种。

笔画是构成汉字的各种点和线，是构成汉字的最小的、最基本的结构单位。书写正楷字时，从落笔到起笔，这样书写出来的单位，就是一个一个的笔画。除了像"一""乙"这样少数几个汉字是由一笔构成的以外，绝大多数汉字都由好几笔构成，例如"山""三""工"由三笔构成，"毛""手""王"是四笔构成，"都""郭""部"由十笔构成；少数汉字也有二十多笔的，如"蠹""攥""爨"等。据统计，现代常用汉字平均笔画是十画左右，大部分汉字的笔画是在六至十二画之间。

各种笔画都有一定的形状，叫作笔形。点、横、竖、撇、捺是构成汉字形体的最基本的五种笔形，汉字"术"中的五个笔画，可以作为这五种笔形的代表。由于基本笔形运笔方向的改变和相互联系，又产生了提、折、钩三种笔形，这三种笔形可用"刁"字作为代表。点、横、竖、撇、捺、提、折、钩是构成现代汉字的八种主要笔形。八种主要笔形在具体运用中又衍生出许多变化笔形,例如钩有横钩、竖钩、斜钩、弯钩、卧钩等,例如"买""了""弋""豕""心"字中的钩,笔形就各不相同。

由笔画为直接单位组合而成的汉字叫作独体字,其结构是一个囫囵的整体,切分不开,例如"人""山""手""毛""水""土""本""甘"等字。独体字大多来源于古代的象形字和指事字,笔画形状及笔画组合往往因字而异,学习只能一个一个死记,不能类推。初学汉字的人感到汉字难学,与此不无关系。独体字在整个汉字系统中的数量并不是很多,但所占的地位十分重要,它们不仅作为一个独立的字从古使用至今,而且绝大部分同时又都是合体字的构成部件,作为偏旁构成合体字,而且构字能力极强,把它们看作是汉字系统的核心一点也不过分。例如以"木"为偏旁构成的现代常用汉字就有四百多个,其他如"口""人""日""土""王""月""马""车""贝""火""心""石""目""田""虫""米""雨"等,构字频度都相当高。掌握了这些常用的独体字,进而学习其他汉字就不难了。从这个角度看,汉字又有易学的一面。

绝大部分汉字,从结构上看可以分析出两个以上的基本构成单位,这种构字的基本单位叫作偏旁。偏旁由笔画构成,是比笔画大的构字单位。例如"思""鸣""需""穿"等字,都是由两个偏旁构成的。各个偏旁都有一定的名称,在字中的位置一般也是比较固定的。为了便于说明,根据偏旁在字中的位置的不同,人们还给各个部位的偏旁定出了不同的名称:在上叫头,如草字头("花""苗")、宝盖头("家""安");在下叫底,如心字底("态""怨")、皿字底("孟""盅");在左右的叫旁,如竖心旁("情""恨")、单人旁("仁""们")、提手旁("拉""推")、立刀旁("刘""剃")等。学习汉字要注意一些易混偏旁的区别,例如衣字旁("衬""衫")和示字旁("祈""祷")、建字底("建""延")和走之底("边""辽")、草字头("菅""芋")和竹字头("管""等")。

现代汉字的偏旁,最初本身也是一个一个的字,有些今天依然独立成字,如"思"中的"田""心","贡"中的"工""贝"等都是成字偏旁。其他如"火""水""心""手""日""月""山""土""木""目"等也都是成字的独立偏旁。由于汉字字体的发展演变,有些偏旁形体发生了很大变化,已不能独立成字,只是作为构字要素而存在于汉字系统中。例如"水""心""手"在"浪涛""惭愧""推拉"等汉字中,分别变成了三点水、竖心旁、提手旁。

根据偏旁在字中的意义作用,现代汉字的偏旁可分为表义偏旁、表音偏旁、记号偏旁三种。表义偏旁是表示字义特征、类属的偏旁,它表示一个汉字所属的类别的意义,而不是表示具体的意义,例如"鸠""鹏""鹄"字中的"鸟"。表音偏旁是汉字中表示字音的偏旁,例如"湖""蝴""猢"中的"胡"。不过从现代汉字角度看,有些表音偏旁已经失去了表音的作用,但从它们在字中的地位、来源看仍然是表音偏旁,如"治""怡"中的"台"。记号偏旁是汉字中与字音和字义没有任何关系的偏旁,它们的主要作用是区别字形。记号偏旁是汉字发展演变过程中改造原来的表音偏旁和表义偏旁而形成的,这些偏旁笔画结构比原来的偏旁要简单得多,与字音、字义毫无联系,例如"欢""汉""仅""对""戏""鸡""邓""树""轰""聂"字中的偏旁"又",原来的写法各不相同,现在都简化为"又",与字音和字义都没有联系了,成为纯粹的区别字形的符号。

从偏旁构字角度看,汉字的构成并不是杂乱无章的,而是有一定规律性的。有些汉字,由于字义上相关联,构字时常用同一个偏旁来表示,像提手旁、木字旁、口字旁、三点水、草字头等偏旁,都统率着上百个汉字。现代汉字字典编纂者根据汉字结构的这个特点,把一组汉字共有的偏旁提出来做标目,以便排列和查检汉字,这个用作标目的偏旁就是部首。例如凡是有偏旁"木"的汉字排在一起,作为一部,将"木"排在一部之首,如果要查找"桉""柳""桔""树"等字,只要找到了"木",就可以在这一部中进一步查找了。部首和偏旁不是一回事,偏旁是汉字结构单位名称,部首是字典排列汉字的依据。部首绝大多数是偏旁,但是偏旁不一定是部首,部首包含在偏旁之中,只是偏旁的一部分,偏旁的范围要比部首大得多,二者不能等同。

以偏旁为直接单位构成的汉字叫作合体字,合体字在汉字系统中占大多数,大多来源于古代的会意字和形声字,因此内部结构可以进一步分析,例如"赶"由"走""干"构成,"烧"由"火""尧"构成,"呼"由"口""乎"组成。构成合体字的偏旁,最初和字音、字义都有一定的联系,后来由于字义发展,语音变化,字形演变,这种联系就不大容易看出来了,有的甚至毫无联系可言。如"取"字,是用手(又)割取耳朵,古人将战死者的耳朵割取下来作为记功的凭证,现在表示拿、获得的意思,与"耳"就没有什么关系了。又如"羞"从"羊",表示这个字的意义同"羊"有关,本义是"珍馐",但现在表示"羞涩"意义,本义用"馐"字代替,所以从现代字义考察,无论如何也看不出它们之间有什么联系了。

偏旁与偏旁组成合体字,其组合方式有左右结构、上下结构、内外结构等几种情况,例如"保""佑""江""河"是左右结构,"花""草""忘""恩"是上下结构,"国""团""同""厅""氧""起""边"是内外结构。另外还有"品"字形结构,如"聂""轰""森""众""鑫""淼""磊"等字。以上这些基本模式还可以互相拼合,组成更为复杂的类型。例如"燥"字,从整体看是左右结构,右边又是上下结构,其上面部分又是一个品字结构。如果一个合体字用一个结构本身已经十分复杂的结构成分充当构字偏旁,那么这个合体字的结构就更加复杂,层层往下分析,可以看到多种组合方式。例如"礴",第一层是左右结构,第二层是上下结构,第三层是左右结构,第四层是上下结构。又如"凰""蹼""飙""籀""罐""懿"等字,都包含了两种以上的结构模式。

四 汉字的造字方式

说到汉字,有人一定会问:为什么"人""牛""马""云"要这样写而不能采用别的方式写呢?为什么"忘"下面是偏旁"心"呢?回答这些问题,不能不说到古人创造汉字的思维方式。古人创造汉字的思维方式可以分为两种类别:一种是直接的形象思维,根据客观事物描摹成字,例如"人""马"等汉字就是描摹事物形态形成的汉字。一种是抽象思维,利用客观事物音义之间的联系来类比构字,即一个字和另一个汉字的读音或意义类似,就采用一个音义有共同性的汉字来类比构成,例如"明""妈"就是利用音义联系类比构成的汉字。

汉字的结构方式,传统上有"六书"之说。"六书"即象形、指事、会意、形声、转注、假借。现在一般认为象形、指事、会意、形声四种是造字方法,转注、假借是运用现成汉字的方法,并不创造新字。了解汉字的结构方式,可以更进一步认识汉字内部结构的理据性特点,对认识现代汉字的结构也不无意义。

象形是比照实物形体模拟描画成字的方式,所造的汉字具有十分明显的图画特征。例如"伞"很像一把撑开的伞的外形,"羊"

是羊头形状,突出了双角。像"木""日""月""口""云"都是象形字,只是今天写作楷书,改变了笔形,不太象形了。

象形是一种最古老、最原始的构字方法,许多民族在最初造字时都使用过这种方式。这种造字方式虽然简单,却有很大的局限,因为客观事物既多又复杂,任何一种文字符号的数量都是有限的,不可能每个事物都用一个符号表示,也不一定都可以描画成字;同时,语言中有许多概念,如思想感情、行为方式等,根本就无形可象。所以汉字系统中象形字比较少,自汉代以后几乎就没有出现新的象形字。

指事是用抽象符号构字,或者在象形字基础上附加指示性符号来构造新字的方式。例如数字"一""二""三"就是指事字,"甘""刃""本"是在象形字基础上构成的指事字。

会意就是用两个或两个以上的象形字或指事字作为偏旁,组合成一个新字的方式。原来的象形字、指事字作为新造字的构成要素,其意义与新造字意义有某种联系,可以意会。例如"吠"由"犬""口"构成,表示狗叫,这个意义从构字到现在基本上没有发生变化。又如"林"用两个"木"构成,表示树多的含义,就是树林,至于像"众""淼""森",其会意更加明显了。会意方式可以造出表示抽象意义的字,选用偏旁可以用相同的符号,也可以用不同的符号,构字方式可以左右并列,也可以上下重叠,这种造字方式比象形、指事无疑要优越得多。

形声就是用已有的汉字充当形旁和声旁来结构组合成新字的方式。形旁和声旁都是原有的字,用作形旁的那个字,表示新造字的意义类属,用作声旁的那个字,表示新造字的读音。例如"柑"字,其中的象形字"木"是形旁,表示"柑"字的意义同"木"有关;"甘"是声旁,表示"柑"字的读音与"甘"相同。

形旁和声旁的搭配方式是多种多样的,以下列出最主要的六种,并举例说明:

左形右声:抗、纸、认、渔、狸;
左声右形:功、领、救、战、郊;
上形下声:露、花、岗、草、笠;
上声下形:烈、忘、警、恭、剪;
内形外声:闻、闷、辨、辩、问;
内声外形:圆、阁、衷、病、赶。

形旁的作用是提示字义,表示字的类属意义,从视觉上给人提供一个联想字义的信息,例如"鹈鹕"我们很少使用,但是形旁"鸟"的信息提示我们这两个汉字表示一种鸟。形旁的另一个作用是区别同音字,例如"挂—桂""抗—炕",声旁相同,但是形旁不同,字义就区别开了。

声旁的主要作用是指示字的读音,例如"鹕""瑚""糊""葫"这几个字如果我们不认识,只要知道声旁"胡"的读音,就可以类推读音了。同时利用声旁还可以区别字形,比如一个形旁可以构成很多汉字,就需要借助声旁来区别字形,例如"江""河""湖""海""浪""涛"这些字就是依靠声旁把同类字区别开的。此外,利用声旁的特点还可以类推一系列汉字的声母和韵母,有助于学习普通话语音,纠正方音,例如"支"是翘舌音声母,所以以它为声旁的"枝""肢""吱""豉""翅"等字也念翘舌音。当然,类推要注意例外,比如"寺"声母是 s,但是以它充当声旁的汉字,都念卷舌音,例如"诗""峙""侍""痔"等。

形声造字法同象形、指事、会意相比,具有先进性、科学性和合理性。象形、指事、会意三种方法所造出来的汉字,字形结构只与所记录的语素或词的意义相联系,没有考虑到读音,形声结构方式则考虑到语言的声音和意义两个要素,所创造的形声字,既能表示字的意义,又能表示字的读音,因形见义,据形知音,把文字的表意和表音两种功能有机地融为一体,无疑具有很大的优越性。

  形声字的出现,打破了以往汉字不表字音的局限,是汉字发展史上的一大飞跃,它使汉字由过去的纯粹表义过渡到音义兼表阶段,创造了全新的汉字结构模式,强化了文字的符号特征。形声字将语素的读音、意义巧妙地统一于一体,为人们的识读、运用带来了极大的方便。

  正因为形声这种结构方式具有先进性、优越性,所以发展成为汉字的主要结构方式。后来许多新字的创造,几乎都用形声方式,甚至原有的非形声字,出于强调音义或分化字义的需要,有的也加上形旁,变成了形声字,例如"益—溢""受—授"等。在汉字系统中,形声字已成为主流,占全部汉字的90%。现代汉语常用汉字中,形声字也占80%以上。不过,由于字音、字义的发展,现代汉字形声字表音表意功能大大削弱了,这是我们学习汉字需要注意的。例如"胎""抬""苔""跆""骀""邰""鲐""炱""珆""炲""孡""怠""殆""迨""给""治""冶"等都是由"台"字充当声旁,但实际上读音差别很大,有多种多样的情况。学习使用汉字容易造成误读的情况,与现代汉字形声字声旁表音率低有一定关系。

五　现代汉字的标准化

  所谓标准化,就是为适应科学发展和合理组织生产的需要,在社会生产的各个方面规定统一的技术标准。标准化对整个社会的产品质量、品种规格、零部件通用等方面都有一致的要求。一个统一的社会,产品大到一台机器,小到一颗螺丝钉,都必须有统一的规格,这样才便于运用。如果没有统一的标准,各行其是,各搞一套,那么社会生产、生活必将混乱不堪。因此,标准化是现代社会的必然要求,是组织、协调、统一现代化生产的重要手段。

文字是人类社会特有的事物,作为辅助语言交际的最重要的工具,作为书面上传递信息的最重要的手段,也必须建立统一的规范、标准,才能便于人们掌握、运用,充分发挥其工具作用。对于形、音、义关系复杂的汉字来说,标准化更是具有重要意义。它有助于人们更好地学习、使用汉字,有助于科学、文化和教育的普及,有助于汉字的计算机运用,总之,标准化有助于提高汉字的使用效率。我国教育、科学、文化的发展必然要求汉字走向标准化,使汉字在数量、形体、读音、检索方面有明确、统一的标准,为社会各个方面提供用字的规范,这样既便于全社会运用,也有利于文字工作的自动化、现代化,因而很有现实意义。

汉字的标准化,就是在对现代汉语用字进行全面、系统、科学整理的基础上,使现代通用汉字做到"四定",即定量、定形、定音、定序。实现汉字的标准化,这也是我国语言文字工作的重要任务之一。

定量,就是确定现代汉语常用、通用汉字的数量,要把汉字由字数不定改变为字数有定,并逐步限制和减少汉字的字数。汉字至今已有六千多年的历史了,在这数千年的历史发展过程中,汉字数量由少到多,今天已达数万个之多。这么多字,哪些是需要的,哪些是应该淘汰的,就必须作出选择,因此,确定汉字的用量是十分必要的。具体要多少字才能满足需要,因行业不同而有所差异,这就必须进行有关的统计工作,制定现代汉语的常用字表,使用字量的确定有一个科学的依据。

1981年,国家公布了《信息交换用汉字编码字符基本集》(代号为GB2312-80),共收录通用现代汉字6763个,供电脑中文信息作为交换码使用。6763个汉字分为两级,第一级3755字为常用字,占现代出版物汉字使用频率的99.9%;第二级3008个字为次常用字,仅占现代出版物汉字出现频率的0.1%。1988年1月,国家语言文字工作委员会和国家教育委员会联合公布了《现代汉语常用字表》,收字3500个,覆盖率达到99.48%,其中常用字2500个,覆盖率达97.97%,次常用字1000个,覆盖率为1.51%。1988年3月,国家语言文字工作委员会和新闻出版署联合公布了《现代汉语通用字表》,收入7000个汉字,其中包括《现代汉语常用字表》中的3500个汉字。这些字表,基本上反映了现代汉语用字的情况。而一般人掌握3000到3500个汉字,基本上可以解决日常用字问题。2013年6月5日国务院发布关于同意教育部、国家语言文字工作委员会组织制定的《通用规范汉字表》的通知,并予公布,该字表共收录汉字8105个,划分为三级,作为目前一段时间的汉字字量字形标准,原有相关字表停止使用。

定形,就是规定现代汉字的统一形体,确定现代汉语用字的标准形体,使每个汉字都有明确的形体规范,改变汉字一字多形、多形随意使用的状况,消除异体字,做到一字一形。

从20世纪50年代以来,我国在汉字定形方面,先后做了不少工作,取得了很大的成绩。1955年1月,文化部和文字改革委员会公布了《第一批异体字整理表》,废除了1055个异体字,像"棊""挐""羣""裡""岺""畧""峩""鵞""壠"等字,都作为异体字废除了,相应地保留了"棋""拿""群""里""岭""略""峨""鹅""垄"等字。1956年,国务院又公布了《简化汉字方案》,1964年文字改革委员会编辑出版了《简化字总表》,收入2236个简体字(1986年重新发表时略有调整），一些笔画多、结构相对比较复杂的繁体字，都被废除，停止使用了，一批相应的简体字则作为正体，取代了繁体字，得到了广泛应用。这样，消除了汉字长期以来繁简并存、多体并存的混乱情况，统一了汉字的形体，初步建立起了汉字字形的规范。

1965年1月，文化部和文字改革委员会公布了《印刷通用汉字字形表》，作为一般书刊等出版物汉字印刷体字形的标准。表中规定了6196个汉字的标准印刷体，对汉字的笔画数目、笔画形状、笔画顺序、结构方式都作了说明，建立了印刷用汉字的字形规范，使印刷体与手写体基本达到一致。现在一般书、刊、报中所使用的字体，依据的就是这个字形表。1988年3月，国家语言文字工作委员会和新闻出版署联合公布的《现代汉语通用字表》，不但规定了现代通用字数量，还规定了每个汉字的规范形体，包括笔画数和笔形，所以它是一个规范汉字字形的字表，可以作为一般使用汉字的规范依据。

目前社会上乱造和使用不规范的简体字、滥用繁体字、使用已经淘汰的异体字、随便写错别字的现象，是不符合现行汉字的字形规范的，与语言文字的标准化要求相悖，因此我们还有必要大力推行用字规范，自觉维护汉字的规范，正确使用规范汉字。

定音，就是规定每个汉字的规范读音，规范多音字的读音，减少异读。

现代汉字中有不少表示同一个语素的字有多种读音，形成异读。例如"波"念 bō，也可念 pō；"呆"可以念 ái，也可念 dāi；"械"可以念 xiè，也可念 jiè；等等。这种一字多音的现象，往往造成使用上的不便，因此必须整理，从多种读音中确定一种读音作为标准字音，消除多种字音并存的现象。同时使用汉字也要注意读音规范,重视汉字的读音,克服误读,比如有的人把"诣"读成"旨",把"觑"读成"虚",都是盲目类推或不重视字音规范而读错了。

1956年,中国科学院成立了普通话审音委员会,对1800多条异读词和190多个地名的读音进行了审议,并在1957年至1962年间分三次发表了《普通话异读词审音表初稿》,1963年出版了《普通话异读词三次审音总表初稿》。根据使用情况及语言的发展,普通话审音委员会采取约定俗成、承认现实的态度,于1982年开始对审音表初稿进行修订。1985年,国家语言文字工作委员会、国家教育委员会、广播电视部审核通过了修订稿,正式公布了《普通话异读词审音表》,并要求各个部门、各个行业在涉及普通话异读词的读音、标音时,要以此表为准。审音表规定了异读词的统一读音,如"呆"统读为dāi,"绕"统读为rào。这样,现代汉字的字音规范有了明确的依据。今后还要继续审订异读词,如"谁"保留了shuí、shéi两种读音,"血"分文读音xuè和白读音xiě,类似这样的异读字,如何处理还要看语言的发展而定。此外,儿化词、轻声词等也要逐步审定,以求统一读音。

定序,就是确定现代汉字的排列顺序,规定标准的检字方法。

汉字的排列及检索,涉及面相当广,如字典、词典的编纂,目录、索引的编制,图书、档案资料的检索,以及计算机汉字输入等,都需要有统一的排检方法,才能便于人们掌握运用。因此,确定汉字排列顺序的统一标准,意义非常重大。目前我国各类字词典通行的检字法主要有部首检字法、音序检字法、四角号码检字法、笔顺检字法四种。

部首检字法是我国历史最悠久、影响最大的一种检字法。这种检字法根据汉字的结构特点给每个字确定一个部首,部首相同的汉字排列在一起,同部首的字再根据部首以外的笔画多少安排先后次序，查检某个汉字时，先确定这个字的部首，然后再到相应的部首中进一步查找。例如"眼睛"二字以"目"为部首，"杨柳"二字以"木"为部首。这样，不知道字的读音，也能根据其结构特点查找到这个字。

音序法是根据汉字的读音，按汉语拼音方案的 26 个字母顺序来排列汉字，音节相同的汉字排在一起，音节的先后顺序由第一个字母来确定，第一个字母相同则根据第二个字母的顺序来确定，依次类推。同一个音节的汉字，则按阴阳上去四个声调的顺序排列先后。例如"昂"放在音节 ang 中，因为这个音节第一个字母是 a，是 26 个字母的第一个，所以这个音节在字典的前面；又如"做"，放在音节 zuo 中，由于第一个字母 z 在 26 个字母中位于最后，所以"做"字也就排在字典的最后部分。

四角号码检字法根据汉字大多呈方块形的特点，把每个汉字的四角结构特征归纳为十种，并用 0—9 这十个数码来代表四个角的笔形：点下有横为 0，横为 1，竖为 2，点、捺为 3，笔画交叉为 4，一笔与两笔交叉为 5，方框为 6，折笔为 7，"八"字形为 8，"小"字形为 9。每个字按左上角、右上角、左下角、右下角的顺序确定一个四位数码，根据数码的大小排列先后顺序。例如"立"的号码是 0010，数码小，排在字典的前面，"笑"的号码是 9980，数码大，排在字典的后面。确定了一个字的号码后，就可直接到正文相应页码中查找。

笔画顺序检字法是根据汉字笔画数的多少和笔顺的先后来排列汉字的方法。依据这种方法排列汉字十分简单，笔画少的排在前面，笔画多的排在后面。同样笔画数的汉字，往往以起笔为依据，按点、横、竖、撇、折的顺序排列先后。例如"团"和"江"都是 6 画，"团"起笔为竖，"江"起笔为点，所以"江"排在"团"前面。

汉字输入电脑的编码，实际上是计算机内的汉字编排查检，也有一个标准化问题。目前通行的汉字编码方式主要有拼音码、笔形码、声形结合码三种形式。拼音码就是利用汉语拼音来编码，输入拼音就可检索到相应的汉字。笔形码根据汉字的笔画或部件特点，以相应的字母或数码为代码，输入代码，则输出汉字。声形结合码将汉语拼音和汉字结构部件合于一体，以汉字读音的声韵母加部件构成汉字代码，检索汉字。目前各种汉字编码方案都有数百种之多，推广应用的也不少，形成了万"码"奔腾的局面。这些编码方案，各有特点，共同的不足之处是主观规定性成分较多，客观规律性成分较少，缺乏自然性，不便于学习掌握。

由于汉字的结构十分复杂，因此无论是字典、词典编排汉字，还是汉字的编码，都没有很好地解决汉字的问题。比如部首检字法，有些汉字并没有明确的部首，如"严""州""串""吏"等，查检就比较困难；汉字笔形编码方案也有一定的主观随意性，学习掌握起来比较费力。目前还没有一种公认的简明而又行之有效的汉字排检方法。如何更好地编排汉字，还有待于进一步研究、探讨。

汉字的标准化是文字工作现代化的前提，与普及科学文化知识和社会主义精神文明建设密切相关。因此，我们要自觉养成正确使用汉字的良好习惯，掌握汉字的用字规范，维护汉字的规范统一，不使用不合规范的汉字，如繁体字、异体字等，更不能随意乱造简体字，书写错别字，为纯洁祖国的语言文字作出自己应有的贡献。

结束语

文字是代表语言的书面符号，是通过书面传递信息的符号，是我们进行书面交际的主要工具。文字在现代社会信息沟通交流方面发挥着相当大的作用。我们应该把汉字学习好,一方面,注意读音,克服误读;另一方面,注意字形,不要写错别字。因为文字就是书面上的语言,读错、写错,那么传递的信息相应也就错了。特别是汉字,字形结构比较复杂,多一笔少一笔字形区别不大,但是意思相差很远。例如河南的"泌阳"和"沁阳",一南一北,真是一笔相差上千里呢。据说有人设计生产包装袋,把"乌鲁木齐"误写为"鸟鲁木齐",等产品出来才发现,只能作废,为此损失了数万元资金,你说这教训深刻不深刻呀?所以学习汉字,一定要细心,弄清字形、字音和字义,才能正确使用。

第六章　运用语言的技巧
——修辞

南宋洪迈《容斋随笔》记载了一个王安石炼字的故事:"王荆公(王安石)绝句云:'京口瓜州一水间,钟山只隔数重山。春风又绿江南岸,明月何时照我还?'吴中士人家藏其草,初云'又到江南岸',圈去'到'字,注曰'不好';改为'过',复圈去而改为'入';旋改为'满';凡如是十许字,始定为'绿'。""春风又绿江南岸"一句中的"绿"是如此活泼俏丽,生动形象,好似浑然天成,殊不知却是王安石苦吟的结果,最初选择的是动词"到""过""入",总不满意,后又选择形容词"满",还是觉得不够味,最后选择了形容词"绿",方才觉得符合自己的心意,符合全诗的意境。这是因为"绿"本身就是一个充满春意色彩的词语,而且这里又活用为动词,既有色彩,又有动态,把江南那种绿意盎然的变化状态生动地描绘出来了。正如清代沈德潜所言:"古人不废炼字法,然以意胜而不以字胜,故能平字见奇,常字见险,陈字见新,朴字见色。"王安石这个"绿"字的巧用,可谓是平字见奇、陈字见新的典范,一个字的精妙运用,使得一首诗成为千古名篇。王安石在创作过程中选择词语,创新运用词语,将寻常词语艺术化的言语活动,就是修辞。本章要介绍的内容,就是修辞活动的基本规律和基本手段。

一　妙不可言的修辞

(一) 运用语言为什么要进行修辞

修辞有多种含义,我们这里所说的修辞,是指根据表达需要对语言进行加工提炼的活动,是一种运用语言的技巧。修辞的目的不是平实表达,而是要在准确传递信息的基础上进一步升华到艺术高度,从而传递出美的生动的感人的力量!看看下面的例子:

①早春二月,田野上有雾。
②早春二月,田野上飘着轻纱一般的薄雾。

例①描述早春田野上的雾,属于客观平实的表达,例②在客观表达的基础上加进了说话人对雾的那种主观感受,雾是飘着的,像轻纱一般,还是薄薄的,这样的描述超越了平实表达,使得同样的雾具有了具体形象的感觉,给人的印象更加深刻,这就体现了修辞活动的作用,体现了运用语言技巧的价值。

说到修辞,要注意两种误解:一是修辞活动就是把话说明白、说清楚,使表达准确;二是认为修辞就是选择优美、华丽的辞藻来描述对象。由于这些误解,有些人满足于把意思说清楚,使得表达十分平淡,毫无动人之处,很难给人留下印象;有些人说话或写文章,大量选用优美华丽的辞藻堆砌,机械模仿名篇用语,表面的华丽丝毫也掩盖不了内容的苍白。历史上,汉赋就是以极尽华美而著称,最后走进了华丽的死胡同而没落。比起轻灵生动、清新自然的唐诗宋词元曲,试问今天还有几人记得汉赋呢?

客观存在的语言中的词与句,本身是没有什么优劣之分的,再平常的词语,只要使用恰当,也会收到不同寻常的效果,生发出动人的力量。修辞活动的目的,就是要找到一个词、一个句子的最佳位置,就是要使语言表达达到艺术化的境界,充分突出语言的表现力,强化信息传递,以感染别人,到达交际目的。表达准确是一个人说话应该做到的最基本的要求,绝对不是修辞活动追求的目标。修辞活动就是在表达准确的基础上追求生动、形象、动人。有些修辞现象,例如比喻、夸张、双关等,从逻辑角度看,它们表达的意义实际上是模糊的、含混的,但是在一定语境中它们表达的内容则是准确的,甚至比直白的表达效果更好。可见,修辞活动注重表达效果并非不讲究准确,而是使语言表达既正确无误,又生动感人。甚至有的时候,修辞技巧的巧妙运用还具有起死回生、化腐朽为神奇的功效。

实际上,人们进行语言活动,都非常注重求知与求美的和谐统一,既给人以信息,满足求知欲,同时又要给人以美感享受,做到字斟句酌,而不是仅仅满足于描摹现实生活。光未然作词、冼星海作曲的歌曲《保卫黄河》前三句是:

风在吼!
马在叫!
黄河在咆哮!

这首歌创作于 1939 年 3 月,歌词原稿是"风在吼,驴在叫……"据说当年马匹都被征召入伍了,黄河两岸只有毛驴在山道上,光未然根据自己的观察及生活体验,创作了这首歌。贺敬之看了初稿后,建议将"驴在叫"改为"马在叫"。冼星海欣然接受了修改建议。这首歌一经推出,立即唱响全中国,成为广为传唱的抗战歌曲。贺敬之这个小小的改动,为歌曲增色不少。

为什么要将"驴"改为"马"呢?从形象上看,驴的个头矮小,而马高大威武。从文化内涵看,驴在汉民族文化中往往具有懒惰、愚笨的含义,马具有勤劳、勇敢的含义,所以,马最能代表中华民族英勇不屈的形象气质。从一些词语的构造也可以看出我们对待这两个动物的不同评价态度:"懒驴""笨驴""卸磨杀驴""黔驴技穷""马到成功""万马奔腾""龙马精神""老马识途""一马当先"等。由此可见,进行修辞,正确性固然重要,艺术性也不可或缺。

言语表达要注意虚实结合,如歌曲《保卫黄河》的歌词修改,看起来是虚的,但是给人的感觉是实的,像比喻、比拟、夸张等,都具有以虚写实的表达效果。

(二)如何进行修辞活动

对语言进行加工提炼的修辞活动,通常有两种方式,即选择和创新。这是修辞活动加工语言的具体方式,也是修辞活动的基本手段。其中,选择更是修辞活动的一种常态,是修辞活动最基本的方式。

所谓选择,是指在众多同义表达手段中选择一种更为贴切的说法。所谓更为贴切,是指选择的表义手段符合语境中的时间、地点、人物特点等因素。例如贾岛写"鸟宿池边树,僧敲月下门"时,对于使用"敲"还是"推"颇为踌躇,思考再三,最后还是选定了"敲",要在一般地方,用"推"用"敲"都无所谓,但是环境是月下,也就是夜里,用"敲"有一定的音响,更加衬托出夜的幽静,同时也为上一句"鸟宿池边树"做了很好的注脚,因为笃笃的敲门声,惊动了树上的鸟,不然深夜怎么会知道树上有鸟呢?如果这里选用"推",诗中的那种动静相映的意趣就没有了。

要注意的是,修辞上的同义手段是指多方面的,不仅仅是语汇中的同义词,它包括了音律、词义、句式等。

所谓创新,就是在语句中另辟蹊径,别出心裁,创造新的说法,以取得特殊的表达效果。修辞上的创新,有两个方面:一是平凡词语新用,即打破一般词语的常规用法,平中见奇,出神入化,使平凡的词语不平凡,使寻常词语艺术化,放大词义中的某些特征,挖掘出一般人没有认知到的功能,从而给人耳目一新之感。例如张玫同创作的歌词《水乡美》:

> 滴翠的是山,
> 流翠的是水,
> 摇一摇云朵就有就有细雨飞;
> 悠悠的是船,
> 荡荡的是苇,
> 晃一晃夕阳就见就见鸟儿归。
> 咿呀喂,水乡嫩,
> 咿呀喂咿呀喂,水乡美,
> 踩你的花径怕你疼,
> 走你的小桥怕你累,
> 乌篷船划过来小阿妹,
> 划过来小阿妹。

这首歌几乎句句都充满了创新表达,把江南那种绿意、温润、娇美通过晓畅的词句刻画得入木三分:山山水水都是翠,山山水水都滴翠,甚至摇一摇云朵都会见到细雨纷飞,连走一下路都怕踩坏了,这种夸张的描写,神奇的语言技巧的运用,反而刻画出了人们心中对江南的那种真切的感受。

创新的另一方面是创造新词语,创造新的表达形式。当然,这些新词语往往只适用于特定的语境,而且大多是在原有语言格式

基础上翻造出来的。创新表达往往出人意料之外,因此能够收到平常表达方式所没有的表达效果,从而增强语言的艺术感染力。例如:

①有情人皆成眷属——有钱人皆成眷属
②有理走遍天下——有礼走遍天下

创新就是要写出别人心中有而口中无、意中有而笔下无的独特表达方式,把大家都共有的感觉通过口头或笔端表达出来,刻画出来。正因为表达方式独特,才是创新,正因为大家共有的感觉,这种创新表达才能得到认可。例如白居易的《暮江吟》:

一道残阳铺水中,半江瑟瑟半江红。
可怜九月初三夜,露似真珠月似弓。

用"道"来形容残阳,并且一个动词"铺",把残阳这个无形之物化为有形之物,具体可感,而"半江瑟瑟半江红"的绝妙分配,更是入木三分地刻画出残阳撒江面的那种光影交错的绮丽景色,塑造出了绝美的艺术形象,凝聚着诗人的审美理想和审美情趣,闪耀着艺术创造的光辉,给欣赏者以美的享受。

话是说给别人听的,文章是写给别人读的。因此,修辞活动,无论是选择还是创新,其终极目的只有一个,那就是使表达的信息更好地让对象接受,感染对方,影响对方,让对方行动——这才是修辞的最高境界!

二 锤炼锤炼词语

(一)锤炼词语的重要性

我们无论是说话还是写文章,表达思想总是一句一句说的,其实严格说来，话应该是一个词一个词依次出现的。这是因为语言具有线条性特点，任何一个人不可能同时说出两个单词，词只能一个挨一个依次出现，组成句子表达思想。如何更好、更准确地表达我们的思想，句子中的词语出现先后顺序以及在一个位置使用什么样的词语，就需要我们下工夫去琢磨，像冶炼钢铁那样不断锤炼，从原材料中选择具有独特性的材质。

词语是组成句子以表达思想的最重要的单位，对语言表达具有极其重要的意义。无论我们使用口语还是书面语，表达首先碰到的是词语的运用问题，是词语的组织安排问题。有人曾对数百篇作品的修辞进行了调查分析，结果发现词语方面的修辞约占70%。由此可见，词语运用在整个修辞活动中占有十分重要的地位。

锤炼词语，就是要"寻找唯一需要的词的唯一需要的位置"（托尔斯泰语），从而准确、生动地表达我们的思想。对此，法国作家福楼拜有一段十分精辟的论述："我们不论描写什么事物，要表现它，唯有一个名词；要赋予它运动，唯有一个动词；要得到它的性质，唯有一个形容词。我们必须继续不断地苦心思索，非发现这个唯一的名词、动词、形容词不可。仅仅发现与这些名词、动词、形容词相似的词句是不行的，也不能因思索困难，用类似的词句敷衍了事。"所以，运用词语，要恰到好处，贴切得当，这样才能将自己的思想，通过这唯一的名词、动词、形容词，精准地传递出来。

一个词语在不同的人的头脑中的感受刺激是有个性差异的，词语修辞的目标就是要求在最大程度上找到共同点，让作者的暗示与读者的理解、联想、感受完美和谐地统一起来，从而产生共鸣。前面我们说到白居易的诗《暮江吟》，首句"一道残阳铺水中"，句中使用"铺"而不使用"照""映"这类常见词语，具体形象地刻画出了残阳的美感,比一个"照"或"映"更显丰满淳厚。此外,残阳用"一道"来形容,江水用"半江"来描写,都十分新颖新奇,细致而准确地写出了光色交错的绮丽景象,可谓字字清丽,句句新奇。张九龄《望月怀远》中的"海上生明月,天涯共此时",其中的动词"生"就格外精警动人,新颖别致,比起一般的动词"升"来,那就太有味道了。

词语修辞在我国有很好的传统。古人把词语的选择创新运用活动称之为炼字,就是说,运用词语就像锤炼矿石一般,要沙里淘金,从一大堆矿石原料中冶炼出有用的钢铁金块来。炼字就是对字词进行艺术加工的技巧,目的是收到简练含蓄、形象生动、新颖别致的表达效果。一个"炼"字,道出了古人在词语运用活动中的良苦用心。唐代大诗人杜甫被称之为诗圣,他在炼字方面更是匠心独运,不但给我们留下了许多不朽的名篇杰作,更留下了锤炼词语的深刻体会。他在《江上值水如海势聊短述》中说:"为人性僻耽佳句,语不惊人死不休。"这道出了他的诗句为什么总是那么精妙的秘密。此外,像贾岛在《题诗后》中的"两句三年得,一吟双泪流",顾文伟在《苦吟》中的"为求一字稳,耐得半宵寒",卢延让《苦吟》中的"吟安一个字,拈断数茎须。险觅天应闷,狂搜海亦枯"等,都是古人炼字精神的真实写照。由贾岛写诗炼字而来的"推敲",不但成为文坛流传的千古佳话,更凝练浓缩为词语修辞活动的代名词。

语言文字是人类思想的延伸,因此,运用语言,既要遵从语言的自然习惯,又要在自然语言的基础上进行加工提炼。说话人不能只满足于给对方以信息或者美感,而必须兼顾两个方面的需要。只有信息而无美感的言语是枯燥乏味的,听众难以接受;只有美感而无信息的言语则是无意义的。因此,运用词语,如同音乐运用音符,美术运用色彩、线条那样,必须千锤百炼,千斟万酌。一个词运用得当,往往会使全篇生辉,令人过目难忘。王安石的《泊船瓜洲》恰好就说明了锤炼词语的价值。

(二) 词语修辞的主要内容

词语修辞要注意意义、色彩、音律几个方面的锤炼。

在意义方面,主要是要求选择或创新的词语必须达到准确、生动、形象、新颖的要求。这几个方面的要求从平时词语运用的训练来说可能是分开的,但是在实际运用中却是统一的。例如王安石的名句"春风又绿江南岸",其中的"绿"字处原来先后使用了"到""过""入""满"等词,不可谓不准确,但是使用"绿"字,不仅准确,而且生动形象、新颖别致,令人难忘。《中国人民志愿军战歌》第一句原文是"雄赳赳,气昂昂,走过鸭绿江",其中的动词"走"不可谓不准确,但是却太过平常,没有表现出志愿军战士的精神面貌,而后来将"走"改为"跨","跨过鸭绿江",仅仅是一字之改,可是表现出的志愿军的精神风貌完全不同,为了祖国、为了朝鲜人民而一往无前、意气风发的国际主义精神体现得淋漓尽致。据说在二战中,一个苏联士兵向斯大林报告说:"敌人撤退了。"斯大林听了纠正道:"不是敌人撤退了,而是敌人在逃跑。"同样的意思,斯大林用词显然比那个战士的用词要高出一筹。

试比较下面几组句子中的词语,看看原文和改文在表达效果上有什么不同:

①原文:迎来春天换人间。

改文:迎来春色换人间。(京剧《智取威虎山》)

②原文:眼看朋辈成新鬼,怒向刀边觅小诗。

改文:忍看朋辈成新鬼,怒向刀丛觅小诗。(鲁迅《无题》)

③原文:喜看稻菽千重浪,青年英雄下夕烟。

改文:喜看稻菽千重浪,遍地英雄下夕烟。(毛泽东《七律·到韶山》)

④原文:长江大河波浪宽,风吹稻花香两岸。

改文:一条大河波浪宽,风吹稻花香两岸。(乔羽《我的祖国》)

在词语色彩方面,要注意感情色彩和风格色彩的调配。

词语的感情色彩调配,首先要把词的褒义、贬义搞清楚。有些词的感情色彩是固定的,褒贬色彩突出,或用于正面,或用于反面,不能混淆。例如"团结"是褒义词,用于自己人一方;与之对应的"勾结"是贬义词,只能用于对立面的一方。其次,要注意一些词语在特定的语境中移用,就附加上了一定的感情色彩。比如"肥"通常用来形容动物脂肪多,用于写人,则有讥讽挖苦之意,如"这个人长相还行,就是肥了点"。曹禺话剧《日出》对潘月亭的描写是"一块庞然大物裹着一身绸缎",写人不用"个"而用"块",用"裹"而不用"穿",表明了作者对潘月亭这种人的厌恶之情。再次,要注意有些特定语言格式也具有贬义色彩,例如"所谓……""什么……啦、什么……啦""……之流",都是表达厌恶情感的。

风格色彩的调配,主要应分清口语和书面语的风格特点。口语词生动活泼,生活气息浓厚,富有表现力,如"嚷嚷""啰唆""合计""搡"等,书面语词则有文雅的风格特色,例如"久仰""令尊""华诞""思绪""磋商"等。分清词的语体色彩,才能使词语运用自然,符合人物对象的身份地位,否则就会生硬、别扭。

语音是词语存在的形式,听话人在听别人说话时,首先接收到的就是声音信号,运用词语就不能不考虑词语的声音表现形式,词语的语音在表达的生动性方面具有十分积极的作用,也是词语修辞所要考虑的重要内容。词语的声音调配,重点要注意三个方面:一是音节的匀称,二是平仄的协调,三是音韵的和谐,使语句形成铿锵明快的节奏、整齐和谐的韵律,丰富词语的表现力,增强话语的艺术感染力。词语语音的调配不只是在诗歌、戏剧唱词里面使用,一般的记叙文中若能恰当调配音律,对于突出或强化词语的意义也具有十分重要的作用。例如:

　　①张主任喜欢小马不喜欢萧丁,原因很简单,小马懂事听话,见面会站着,出差会把包提着,说话会在本子上记着,上车会把门开着,吃饭会把敬酒挡着,过节会发短信来着。(木隶《忍者》)

　　②远亲不如近邻,近邻不如110。(福州民警广告)

　　③他们的品质是那样的纯洁和高尚,他们的意志是那样的坚韧和刚强,他们的气质是那样的淳朴和谦逊,他们的胸怀是那样的美丽和宽广!(魏巍《谁是最可爱的人》)

例①中后面六个句子,都是单音节动词,如果这样孤零零地使用,在节奏上就很不顺畅,作者巧妙增加了一个虚词"着"作为陪衬,满足了音节的匀称,避免了音节的不匀称。例②采用押韵方式,使得这个广告语朗朗上口,更易传诵。例③是散文,但是这几个句子末尾都相互押韵,字音响亮,语势顺畅,很好地表现了对志愿军的赞美热爱之情。

　　词语的修辞是一个永无止境的活动,比起句式的调整、修辞格的选用,难度更大,要求更高,绝不是简单学点方法就能用好词语,它必须有长期的语言实践,也要有对生活细致观察的能力,要善于发现事物的特征,用独到的方式加以描述,从而创造出独特生动的意境来。

三 多姿多彩的句子

(一) 句子之间的联系

句子是我们交际时传递信息所使用的基本语言单位。与人交谈,离不开句子的运用。也就是说,我们要告诉别人一件事情,相互交流思想,是以句子为单位进行的。每传递一次信息,最起码要使用一个句子。

比如询问别人,可以说"你到哪里去""他今年多少岁""你的衣服是在哪里买的"之类的句子,但不能偷懒用"你""哪里""多少""衣服"这样的词来代替句子,因为单独一个词充当句子传递信息是需要上下文条件的。例如回答别人的问题"他在说谁呢",可以用"你"这个词,回答"你们在说什么呢"这个问题,可以说"衣服",由于是对话,省略表示旧信息的有关词语,只保留代表新信息的词语,这是可以的,不会影响交际,不会影响信息的传递。在具体语境中出现的单个词语,已经被赋予了具体的语义内容,因此已成为句子,而不再是一个普通的词了。比如我们说"票",在邮局是指邮票,在电影院是指电影票,在公共汽车上是指车票,虽然"票"的句子形式完全相同,但是由于语境不同,其所指的具体意义也不一样。这里的简略形式,并不会影响表达。

离开了具体的语境,如果运用句子随便省略,就有可能造成误会,达不到传递信息的目的。据《吕氏春秋》记载,战国时代的宋国有个姓丁的人,他家远离水源,每天都要专用一人挑水,生活极不方便。后来他家挖了一口井,从此再也不用专人挑水了。他高兴地对别人说:"吾挖井得一人。"别人以为他挖井挖出了一个人,于是互相传说。结果这个信息一传十,十传百,弄得尽人皆知,最后连皇帝也知道了。皇帝急忙派大臣来查问这件稀罕事,才弄清原来是丁姓人家挖了一口井,省下了一个劳动力,而不是从井里挖出了一个人。这个故事说明,运用句子,该用几句话就不能只用一句话,否则说不清楚,引起误解,影响意义的表达。

说话或者写文章,都不是只使用一个句子来表达,也不是几个句子互相之间都是孤零零的毫无关系的,句子与句子之间具有相互联系是按照一定的方式呼应、串联起来的。

那么,句子与句子之间是如何串联起来的呢?

现实交际中,只要是两个以上的句子,这个句子和那个句子之间就必然会发生联系,形成一个意义上的整体。例如下面的对话:

甲:你好!

乙:你好!

甲:你上哪儿去?

乙:我去图书馆借书。你呢?

甲:我去邮局给朋友寄书。再见!

乙:再见!

例子中的对话,始于甲,甲说话,乙回应,反过来一样,乙说话,甲回应。甲的话和乙的话,有一种逻辑上的联系,每一个句子不断有新信息出现,从而推动对话不断进行下去,直到对话结束。例如甲问:"你上哪儿去?"乙则针对甲的问题回答"我去图书馆借书",并顺势反问甲"你呢",对乙的提问甲也顺势回答。甲乙两个人的对话,前后相续,环环相扣,自然衔接,形成了一个和谐的会话氛围,符合人际交往中的会话合作原则。如果甲问"你上哪儿去",乙回答说"看我这记性"或"你的衣服呢"之类的话,那就是前言不搭后语,会话就无法进行下去了。

由此可见,句子是在具体语境中出现的表达思想的基本单位,每一个句子在交际使用中不是孤立的,互相之间有一种潜在的逻辑关系,这种逻辑关系往往表现为空间、时间或者事理。要使一组句子连贯流畅、层次分明、结构清晰,句子之间就必须依照一定的逻辑关系才能相互联系起来。

空间联系 句子之间的空间联系也可以说是方位联系,通过空间位置顺序来排列句子的先后。这种空间联系有一定的习惯,例如汉民族表现空间顺序通常是从上到下、从左到右、从前往后,方向上则是从东到西、东西南北或东南西北,绝对没有说东北南西的。也有的是根据说话人的视点来排列的,或者由远到近,或者由近到远。例如:

①白日依山尽,黄河入海流。(王之涣《登鹳雀楼》)

②东边有山,西边有河。前面有车,后面有辙。(张藜《不能这样活》)

③东市买骏马,西市买鞍鞯,南市买辔头,北市买长鞭。(乐府民歌《木兰辞》)

④她那副模样是这样的:她的头发是红萝卜色,两根辫子向两边翘起。鼻子像个小土豆,上面满是一点一点雀斑。鼻子下面是个不折不扣的大嘴巴,两排牙齿雪白整齐。她的衣服怪极了,是皮皮自己做的。本来要做纯蓝的,后来蓝布不够,皮皮就到处加上红色小布条。她两条又瘦又长的腿上穿一双长袜子,一只棕色,一只黑色。她登着一双黑皮鞋,比她的脚长一倍。这双鞋是她爸爸在南美洲买的,想等她大起来穿,可皮皮有了这双鞋,就不想要别的鞋了。(阿斯特里德·

格林伦《长袜子皮皮》)

⑤书屋正中的墙上挂着一幅画,画上的古树底下有一只梅花鹿。当年学生就朝着这幅画行礼。画前面,正中是先生的座位,一张八仙桌,一把高背椅子,桌子上照老样子整齐地放着笔墨纸砚和一把戒尺。学生的书桌是从自己家里搬来的,分别在四面。在东北角上的那张是鲁迅用过的。(小学课文《三味书屋》)

时间联系 句子之间的时间联系是按照句子内容表现的时间先后顺序排列,一般的习惯是春夏秋冬,从一到十,从古到今,从早到晚,从过去到现在的方式排列句子。例如:

①而后风风雨雨几十年,不管是军阀混战时期,抗日战争时期,还是解放战争时期……中阳纺织厂始终都非常兴旺发达……(张平《抉择》)

②早晨的太阳是新鲜的,中午的太阳是火热的,傍晚的太阳是温柔的。(拟)

③旧社会把人变成鬼,新社会把鬼变成人。(贺敬之《白毛女》)

④十七八清华北大;二十七八电大夜大;三十七八要啥没啥;四十七八等待提拔;五十七八准备回家;六十七八玩鸟弄花;七十七八魂系中华;八十七八……普遍的人们不见得想活到八十七八。(梁晓声《表弟》)

事理联系 句子之间的事理联系指句子按照事物发生发展的规律或认识规律来安排内容、排列句子的先后,一般的习惯是从大到小、从小到大、从重到轻、从轻到重排列,或者按照事物事件发生的先后顺序排列句子,最典型的事理联系句子是偏正复句、联合复句中的递进复句、选择复句,修辞格中的层递结构中的句子排列。偏正复句中的正句和偏句按照因果关系、条件关系等逻辑顺序排列时,句子之间的事理联系更为突出。例如:

①昨夜下了一夜雨,走起路来两脚泥。(张藜《昨夜下了一夜雨》)

②这架飞机该有多重啊!他载着解放区人民的心,载着全中国人民的希望,载着我们国家的命运。(方敬《挥手之间》)

③山丹丹开花红姣姣,香香人材长得好。一对大眼水汪汪,就象那露水珠在草上淌。(李季《王贵与李香香》)

④张家庄有个弹棉花的高手宋有有,宋师傅有个18岁的闺女叫小娥,小娥和宋师傅的徒弟张宝宝恋爱。张宝宝到刚解放的太原买来一架弹花机。张宝宝学了弹花……(马烽《一架弹花机》)

在一段文字里面,句子之间的空间联系、时间联系、事理联系并不是截然分明的,很多时候是综合在一起的。例如王之涣的《登鹳雀楼》:

白日依山尽,
黄河入海流。
欲穷千里目,
更上一层楼。

第一、二句之间是空间关系,按从上到下顺序写景,从天上到地上,反映了说话人的观测视点的变化。第三、四句之间是事理关系,前后是一种假设条件:如果你想看到千里之遥,那么请再上一层楼吧!而第一、二句和第三、四句之间,其实也暗含一种空间联系,是由近及远:第一、二句是近,即眼睛看得见的空间;第三、四句是远,即当前看不到的空间。

这些顺序是句子的顺序,放大了来看,其实也是篇章结构顺序。运用句子,除了要注意内部结构的正确,符合语法规范,也要注意句子之间的这种外部的联系,这样才能让别人弄清你所说的话,了解你的思想和说话的目的。

(二)句式的选择运用

汉语的句式,丰富多样,可以从不同角度划分类别。从表达效果看,同一个句子,由于着眼点不同,可以归入不同的句式类别。各种句式,构造上各有特点,具有不同的表达效果。我们运用语句,目的是传递接收信息,同时,还需要美,需要生动,需要魅力,需要感染力,因此,使用哪种句式,就要结合语境、表达内容及听话对象等因素进行选择。总之,运用句子,在充分考虑句子之间的连贯、句子表义的周密、句子结构的简练的基础上,要注意以下几个方面的问题。

1. 注意句子的长短

从句子成分的多少看,句子可分长句和短句。长句词语较多,结构复杂;短句结构简单,最简单的短句,往往只有一个词语。例如:

①鲁迅是在文化战线上,代表全民族的大多数,向着敌人冲锋陷阵的最正确、最勇敢、最坚决、最忠实、最热忱的空前的民族英雄。(毛泽东《新民主主义论》)

②这年轻人不过二十五六岁,头戴一顶大草帽,上身穿一件洁白的小褂,黑单裤卷过了膝盖,光着脚。(孙犁《荷花淀》)

例①是个长句,句子的主干是"鲁迅是英雄",而在"英雄"前有一长串定语,构成了长句。例②是个短句,由五个短的分句构成。

长句和短句各有表达作用。长句的修辞效果是严密细致、气势酣畅,多用于政论文、科技论著和文艺作品的写景抒情。短句的修辞效果是简洁精练,明快活泼,富于变化,多用于日常交谈、演讲、广播稿、杂文等,文艺语体如小说中的会话、影视剧台词等也用短句。当然,我们所说的修辞效果,是相对而言的。

长句和短句可以根据需要变换,如上面的例句,长句可变成短句,短句也可变成长句。

2. 注意句子语序的变化

语序是指句子成分的顺序。句子成分在句中的位置一般是固定的,如单句的主—谓、偏—正(定语状语—中心词)、动—宾顺序,复句的偏句—正句顺序。这种顺序一般不能改变,但在一定语境中,根据表达的特殊需要,也可以改变这种语序,形成一种独特的句子。根据句子成分的位置情况,可把句子分为常序句和变序句两种。

变序句就是改变了常序句成分位置而形成的一种句式,结构新颖别致,突破了一般句子的结构格局,给人以新奇感,具有特殊的表达效果。比如我们最熟悉的《国歌》和《国际歌》,开头一句歌词"起来,不愿做奴隶的人们""起来,饥寒交迫的奴隶;起来,全世界受苦的人",就是变序句,非常具有鼓动性和号召力。变序句有句子成分变序和正句偏句变序两种情况。成分变序,有强调作用,分句变序,有补充说明的意味。例如:

①怒吼吧,黄河!(主谓变序)

②田野上开着许多花儿,五颜六色的。(定语中心词变序)

③如果我能够,我要写下我的悔恨和悲哀,为子君,也为

我自己。(状中变序)

④今晚却很好,虽然月光也还是淡淡的。(转折复句正句和偏句变序)

⑤我已经完全按要求做了,因为我不想让人说三道四。(因果复句正句偏句变序)

语序既有比较灵活的一面,也有强制性的一面。因为灵活,我们选用不同的句式表达同样的内容才有可能,使得表达形式多姿多彩;因为强制,我们运用词语组合句子就必须遵循一定的规则,分清先后顺序。运用句子除了要注意这种语序变化外,还要注意内容的先后安排,同样的内容,先说还是后说,意义上往往有细微差别,有时甚至有很大差别。

曾国藩和太平军打仗总是失败,他给皇上写的报告中有这么一句话:"屡败屡战,屡战屡败",他的军师看了,将这句话颠倒了一下顺序,改为"屡战屡败,屡败屡战"。这样一改,句意大不相同。这是一个转折复句,句意重点在后面的正句,原句"屡战屡败"是复句表义中心,表现了一种无可奈何的心理,改句"屡败屡战"是复句表义中心,表现了一种不屈不挠的精神。仅仅是语句顺序不同,意义境界相差很远。

钻石牌手表原来的广告词是"钻石手表,出手不凡",后来改为"出手不凡,钻石手表"。因为句子传递信息,新信息和信息焦点往往在句子的后半部分,这样移位变序,钻石手表这一基本信息就突出来了,给人以深刻印象。可见安排句子顺序在表达思想方面是何等重要。又如下列各句,请试着比较并体会意义差别:

①她长得不怎么漂亮,也不怎么丑。
②她长得不怎么丑,也不怎么漂亮。

③他不但会唱歌,而且还会跳舞。

④他不但会跳舞,而且还会唱歌。

3. 注意句子的结构形式

我们运用句子表达思想时,不是孤零零地只用一种句式,而是使用各种各样的句式,根据需要进行选择。为了交际表达需要,比如为了抒情、议论、写景,需要铺陈文字,需要增强语句的气势,增强语句的感染力,我们就要连续使用某种句式,使前后句式结构整齐划一;有时为了避免语句呆板、单调,使语句富于变化,又需要使用不同结构的句式。这样多种句子组合在一起,前后句子结构整齐一致的,就是整句,前后句子结构不一致,长短不等的,就是散句。例如:

①国破山河在,城春草木深。(杜甫《春望》)

②长夜里,红星闪闪驱黑暗;

寒冬里,红星闪闪迎春来;

斗争中,红星闪闪指方向;

征途上,红星闪闪把路开。(邬大为、魏宝贵《红星歌》)

③从前有座山,山上有座庙,庙里有个洞,洞里有个和尚,和尚有件精美的袈裟。(民谣)

④临河的土场上,太阳渐渐的收了他通黄的光线了。场边靠河的乌桕树叶,干巴巴的才喘过气来,几个花脚蚊子在下面哼着飞舞。面河的农家的烟突里,逐渐减少了炊烟,女人孩子们都在自己门口的土场上泼些水,放下小桌子和矮凳;人知道,这已经是晚饭的时候了。(鲁迅《风波》)

例①—③,用了整句,例①是对偶,例②是排比,例③是顶真,这几例中前后使用的句子结构具有一致性,也就是说,像对偶、排比、顶真这类与句子结构有关系的辞格,都是用整句构成的。例④是散句,各个分句的结构都有不同的特点。

整句往往融合了语句结构、韵律、节奏等诸多要素,将这些要素加以有规律的排列组合,并在前后句子中有规律地复现,从而生发出动人的力量,可以说是语言形式美的集中体现。对偶句式是体现整句特征的典型,把整句的形式美推到了极致。例如,杜甫有一首绝句:

两个黄鹂鸣翠柳,
一行白鹭上青天。
窗含西岭千秋雪,
门泊东吴万里船。

这首诗一、二句和三、四句各构成一个对偶。从语音角度看,上下句词语音节对应,单音节词对单音节词,双音节词对双音节词;从语法角度看,上下句子中词语的词性完全是互相对应的,名词对名词,动词对动词,其结构和层次关系也相对应;而从语义角度看,上下句的对应更是无可挑剔:数目、物量、动物、行为、方位、色彩等也是对应的,比如"窗"对"门","千"对"万","两个"对"一行","黄鹂"对"白鹭","西岭"对"东吴";等等。所以整句体现了形式美,体现了整齐划一的美。

要特别注意的是,整句表达的内容往往具有虚拟性,也就是以虚写实,虚实结合,通过表面的内容罗列,反映的是一种需要强调的信息,这个特性在我们运用整句表达思想时值得注意。例如:

①东市买骏马,西市买鞍鞯,南市买辔头,北市买长鞭。(乐府民歌《木兰辞》)

②头顶天山鹅毛雪,

面迎戈壁大风沙。

嘉陵江边迎朝阳,

昆仑山下送晚霞。(薛柱国《我为祖国献石油》)

例①的东西南北空间,具有虚拟性,实际上要表达的是在集市上各处为木兰买参军用品,并非真的是在东市买一样东西,在西市买一样东西。例②是写石油工人不畏艰难的奋斗精神,第一、二句写石油工人生活条件的艰苦,第三、四句写石油工人转战南北。这里的地名更多的是一种空间标志,代表空间的转换,完全是虚指的,具有某种象征意义,换一个地名毫不影响意义的表达。比如后面两句可以改为"钱塘江边迎朝阳,天山脚下送晚霞",并不影响原意的表达。

整句和散句各有作用。整句形式整齐,音韵和谐,节奏明快,朗朗上口,便于记诵;而且整句语气顺畅,气势贯通,无论是抒情、叙事还是说理,都能给人以深刻的印象和强烈的感染力。散句结构富于变化,灵活多样,体现了语言的变化美。散句是句子的自然形态,运用得当,同样可以收到很好的表达效果。整句和散句的特点不同,表达效果也不一样,因此应把二者结合起来运用。全用整句,形式上不免单调、呆板,只用散句,又显得散乱,不利于铺陈叙事和增强气势。因此,把二者结合起来,根据表达内容的需要将整散句交错运用,在变化中求整齐,在匀称中有参差,使语句错落有致,才能给人以深刻印象,从而收到更好的表达效果,达到交流思想、传递信息的目的。

4. 注意句子的语气和口气

语气是说话人使用语句传递信息所采取的说话方式,口气是贯穿在语句中的思想感情色彩。句子既带有语气,也要体现说话人的口气。

人们说话，总要采取一定的方式，或直陈，或发问，或感叹，或请求，因此就要使用不同语气的句子，达到不同的交际目的。不过，各类语气的句子的交际功能不是绝对界线分明的，有时用陈述句，可以取得感叹句的效果，有时用疑问句，可以取得祈使句的效果，而且交际效果要比直接请求更好。汉民族是个谦恭尚礼的民族，在日常交际会话中常常体现出这一点。如我们常用反问、正反问、陈述等方式委婉地表示请求，避免直陈，以示礼貌。例如：

①我能看看那双鞋吗？（本意是：请给我看看那双鞋）
②这本书送给我，行吗？（本意是：请把这本书送给我）
③你做完作业了吗？（本意是：你必须赶快做作业）
④我去帮他怎么样？（本意是：让我去帮他）
⑤我能不能参加这个会议？（本意是：我请求参加这个会议）
⑥你去拿一下文件好不好/行不行/可不可以？（本意是：你去拿文件）

疑问句也能表达陈述句的内容，例如："难道我帮助别人还有错？""为什么偏偏我就不应该去？"这两句话的本意是："我帮助别人没有错。""我应该去。"但是比起直接陈述，使用疑问句，语气更重，感情更强烈，说服力更强，因而也更有效。可见，运用什么样语气的句子，要结合交际目的和语境、对象进行选择。我们在句类部分也讲过，这里不再赘述。

使用句子要有一定的语气，也要有一定的口气，因为你用句子陈述内容，总要将个人的主观感受、思想感情放入句子中，使句子带上一定的色彩，如肯定、否定、强调、委婉等。我们这里重点谈谈肯定与否定。

对客观对象进行判断时使用的句子,一般都有肯定与否定两种形式。我们可以从正面用肯定的形式表达思想,也可以从反面用否定的形式表达思想。相应地,句子就有肯定句与否定句两种具体形式。肯定句是不使用否定词,表示肯定的句子,否定句是使用"不""非""没有"等否定词表示否定的句子。两种句子的表达效果不完全相同。例如:

①从前线回来的人说到白求恩,人人都很佩服。

②从前线回来的人说到白求恩,没有一个不佩服的。

例①是肯定句,直接从正面肯定。例②是否定句,以否定形式从反面表达了肯定的内容,但肯定的口气比直接肯定更重。例②虽然是否定句,但由于连续使用了两个否定词,构成了双重否定,所以表达的是肯定的内容。

双重否定表示肯定的意思,这种情况,有点像数学里的"负负得正"。就是说,句子形式上是否定的,内容上是肯定的。但双重否定句比肯定句的口气要重得多,其强调的作用十分明显。常用的双重否定格式有"不得不""不能不""不该不""无……不""没有……不""非……不""未必不"等。

肯定句和否定句可以交错使用,这样,可以使肯定的内容与否定的内容形成对照,既体现了句式的变化,又在内容上互相辉映、互相衬托,从而引人思索,发人深省。例如:

①没吃没喝,没水没电,没有问题,我们有炸弹!(《环球时报》)

②要面包,不要炸弹!(《环球时报》)

③一个大学生的经历:

大一——不知道自己不知道;

大二——知道自己不知道；

大三——不知道自己知道；

大四——知道自己知道。(《讽刺与幽默》)

1998年5月,南亚某国不顾国际舆论的批评,连续五次进行核试验,遭到国内人民的反对,例①和例②就是该国人民游行示威时打出的标语口号,肯定与否定互相对照,十分精警动人。例③写大学生四年的心理变化,从否定到肯定,再从否定到肯定,生动地反映了一个大学生从狂傲,到在知识面前的畏惧,在知识海洋里的谦虚,以及学成后的踌躇满志的心理变化过程。这三例,肯定句与否定句的对比运用,非常新颖别致,表达效果非常好。

句子运用了反问语气,等于否定意义:当句子是肯定形式时,表达的是否定内容;当句子是一重否定时,表达的是肯定的内容;当句子是双重否定时,表达的是否定内容。例如"你这样做对吗"等于"你这样做不对","我这样做不对吗"等于"我这样做对","难道没有人反对吗"等于"有人反对"。因此我们可以根据实际情况将语气、口气结合起来,选择运用肯定句和否定句,使句子多一些变化。比如,本来是肯定的内容,用否定句加反问形式来肯定;本来是否定的内容,用肯定或双重否定加反问的形式来否定。这样,使肯定句、否定句的运用更加灵活多样,摇曳多姿,富于变化;使感情的表达更加委婉细腻、生动感人。

四　蕴含丰富的修辞格

(一) 修辞格的认识

修辞格是在语音、语汇、语法基础上形成的表达某种意义的特殊表达格式。

修辞格首先是一种运用语言的格式,既然是运用语言的表达格式,因而离不开语言三要素语音、语汇、语法这个基础的支撑,在运用中同样要受到语音、语汇、语法方面的制约。其次,修辞格作为特殊的表达格式,它在某种程度上又可以突破和超越语言对它的限制,尤其是语义条件的限制。

一般地说,使用语言要符合语法规则和语义联系,比如动词后面是名词,可以构成动宾关系,而动词和名字之间必须有语义联系,例如动词"吃",后面可以组合的宾语是"面条""鱼肉""米饭""馒头""水果"等表示可以入口意义的词语,不能出现"星星""太阳""月亮""云朵""宇宙""河流"这一类词语。但修辞格这种特定的格式则完全可以不受语法和语义条件的限制,或者说是超越了语法和语义条件的限制,它着重的是言语表达的效果,着重的是发话人的主观感受和情感体验,反映的是发话人的独特的心理活动的认知过程。例如"朋友像窗户""希望如路""水花像白梅""祖国是母亲""心乱如麻"等。在语言的常态组合中,这些结构都是不可想象的,但是在修辞格这种特定的结构格式中,词语超越普通搭配的组合方式反而成为常态组合方式了,因为在修辞格这种特定的结构格式中,词语在特殊的语境中被赋予了新的属性,扩展了它原有的组合功能,因而词语就具有了突破本身功能限制的张力。

修辞格是言语表达中最常使用的艺术手段,是使言语表达艺术化的捷径。修辞格的突出作用在于,既用特定格式强化了要传递的信息,给受话人获取信息进行再创提供了最佳条件,又使信息包裹上了一层形式美的外衣,使受话人在愉悦中接受信息。如果我们把修辞活动看作言语交际双方共同创造最佳交际效果的审美

活动的话,那么修辞格就可以说是修辞活动中使言语内容的信息与审美高度统一、创造最佳交际效果的最好手段。例如下面一段话:

> 在纷飞的战火中,你是那样刚强!敌人把你的城镇变成了废墟,你没有哭;敌人把你的家园烧成了灰,你没有哭;敌人杀死了你的亲人,你没有哭;敌人把你绑在大树上,烧你,烤你,你没有哭;你真是一把拉不断的硬弓,一座烧不毁的金刚!可是今天,当你的战友——中国战士们要离开你的时候,你却倾洒了这样多的眼泪!仿佛要把你们每个人一生一世的眼泪,都倾洒在今天!

这是魏巍的散文《依依惜别的深情》中的一段话,前面连续举了四种比较极端的情况,来表现朝鲜人民的刚强,他们在战争中遭遇了那么多苦难,但是他们挺过来了,不流一滴泪。但是,听说志愿军要归国,要离开他们,他们流下了惜别的泪水。通过这样的铺垫,朝鲜人民对志愿军的那种深情厚谊就非常深刻地传达出来了。这里使用了对比的方式,面对苦难他们是刚强的,面对志愿军离去,他们又显得柔弱,止不住泪流。

修辞格是在语言基础上形成的特定结构格式,具有特定的语言形式,语言中的声韵调、词语、词组、句子,甚至篇章,都是修辞格的表现形式。正是因为修辞格具有特定的结构,我们可以从一系列语句中把它们辨认出来;正是因为每种修辞格具有不同于其他修辞格的独特结构,我们可以把不同的修辞格区别开来。修辞格的这种格式,具有三个方面的功能:

一是定式功能。也就是说,使受话人能根据句子的结构特点和生活经验感知话语是一种修辞表达而非现实。在这些特定的结构格式中,普通的词语或者改变了属性,或者附加了原来不具有的属性,从而扩展了词语的组合范围,增强了词语的表意功能。比如"生活是路,总有许多坑坑洼洼","生活"一词按常理是不能与"坑坑洼洼"组合的,但因为是在比喻格式中,"生活"附加上了"路"这样临时的言语义,这种组合自然就让人接受了。特别是像比喻、反语、夸张、比拟、双关等,都是一种定式的表达,这样受话人才能根据言语预测或推测语义。

二是形成一种形式美。运用语言符号创造一种特殊的形式美,可以说修辞格也是独一无二的。如"两个黄鹂鸣翠柳,一行白鹭上青天",形成了一种高度对称的美,一种非常均衡的美;又如"他们的品质是那样的纯洁和高尚,他们的意志是那样的坚韧和刚强,他们的气质是那样的淳朴和谦逊,他们的胸怀是那样的美丽和宽广",则在连续使用相同结构的句子中形成一种节奏美,一种韵律美,给人一种酣畅淋漓的快感体验。

三是表达一种暗示意义,也就是通常所说的会话含义,这和第一点是密切相关的。修辞格的独特性就在于它所建立的结构具有表义的双重性,说话人通过字面构建一种意义,但是其真正的意义则在字面以外,听话人要透过表层进入深层,理解其中的蕴含。例如"这个人脾气大得很,一跳八丈高",这里的"八丈高"并非现实中的真实情况,因为人类借助器械的撑竿跳最高纪录才 6.15 米,跳八丈高那是不可能的,但是现实中这样说的时候没有人认为它是荒谬的,因为听话人都透过字面理解了其中的暗示意义,实际上是脾气大的具象化。当然,这种暗示意义的设置和理解,是建立在共同认知的文化背景基础上的,有些通过凝固的格式在一种语言里面固定下来,例如成语就是这样一种典型,其中如"天花乱坠""九牛一毛""汗牛充栋""九死一生""添油加醋""鸡飞蛋打""倒海翻江"

"翻天覆地",实际上都是一种夸张的说法,蕴含着丰富的意义。

修辞格的这种结构,是一个民族长期选择的结果,具有民族性。即使像比喻这种各民族都有的修辞格,在本体与喻体的联系上,仍然体现出民族特性。例如说愚笨这样的意思,汉民族说"像木头一样",法国人说"傻得像卷心菜",捷克人说"他是个老蘑菇",英国人说"像鹅一样笨"。同样表达狡猾的意义,汉族人说狡猾如狐狸,英国人说狡猾如死猪。修辞格的背后,有着深厚的民族文化基因。

(二)常用的修辞格

现代汉语修辞格,多达数十个。一些修辞格,我们在中小学基本上都接触过,不难理解。我们这里按照一定的角度罗列出比较常见的修辞格,供大家自学参考,不作全面、详细的介绍。

偏重于词语结构的修辞格主要有:比喻、比拟、借代、夸张、双关、反语、拈连、移接、别解、嵌字。偏重于句子结构的修辞格主要有:反复、仿拟、顶真、回环、对偶、对比、衬托、跌衬、排比、层递。其他类别的修辞格主要有:设问、反问、引用、换算、同饰、同语、叠字、同字、复现。上述修辞格,尽管在不同教材中有不同的归类,但基本特征是不变的。这些修辞格中,最常用的主要是:比喻、比拟、借代、夸张、双关、反语、反复、排比、层递、对比、对偶等,平时学习和进行实践,需要注意这些修辞格的结构特点以及使用要求。

1. 比喻

比喻是根据联想,用与甲物不同而又有相似点的乙物来打比方的一种辞格。它是古老而有生命力的思维模式和语言手段。其修辞功能一是描绘形象,使语言具体、生动;二是用于说明事理,让人容易理解。比喻包括本体(甲)、喻体(乙)、喻词和两种事物的相似点,这是构成比喻的四要素,相似点是比喻的核心,是比喻的灵魂,因此,相似点选得是否准确、新颖,决定着比喻的成功与否。根据四要素的情况一般把比喻分为明喻、暗喻和借喻三类,例如"他像一阵风"是明喻,"他是一阵风"是暗喻,"一阵风也没有来"是借喻。

2．比拟

比拟是把物当作人或把人当作物,或把此物当作彼物来写的一种辞格。比拟能以此拟彼,将抽象变具体,将无形变有形。从结构上说,比拟有本体(此物)与拟体(彼物),二者融为一体。拟体往往靠想象而产生,因而它以想象为心理基础,"拟"的目的,重在使语言形象化,使情感深化。比拟可分为拟人和拟物两大类,本体和拟体交融,有助于渲染气氛,将感情与形象融为一体。例如"高粱涨红了脸"是拟人,"敌人夹着尾巴逃跑了"是拟物。

3．借代

借代是不直接说出要说的人或事物,而是借与要说的人或事物有密切关系的其他人或事物来"代",即换个说法的一种表现方式。使用借代,重在体现借体的形象,将概括变为具体,把抽象化为形象,因此,成功的借代,必须把形象性作为基点,其中以人物形象、服饰方面的特征代指人物,是借代最常用的方法,例如用西装代指穿西装的人,以红领巾代指少先队员,等等。

4．夸张

夸张是特意对某些事物的形象、特征、作用、程度、数量等方面加以夸大或缩小的一种辞格。夸张就是"言过其实",但不等于毫无根据的浮夸。夸张常常用比喻、比拟、借代的形式来表现,例如"场院上的粮食堆得像山一样高"是通过比喻来构成夸张。夸张不同于夸大,夸张是建立在事物真实基础上的,同时具有民族传统文化的心理基础,例如成语中的数字,大多是夸张说法,如"九死一生""七上八下""三教九流""百步穿杨"等,都是从数量大的方面去夸张。

5. 双关

双关是借助语音、语义的联系,同时关顾表里两层意思的一种辞格。双关有两种:谐音双关和语义双关,其中又以谐音双关最为常见,在汉民族文化中具有传统,例如春节倒贴福字寓意"福到",十八日开业寓意发,结婚喝香槟酒寓意相敬如宾等。

6. 反语

反语是正话反说或反话正说的一种辞格,也有表里两层。反语表层词语的意义是本身固有的,里层是特定上下文所赋予的,真实的意义是通过词语、结构、语气及特定语境体现出来的。例如:"你是好人!你是好人里面选出来的!"反语作为强有力的表现手段,或憎或爱,或喜或怒,都是强烈感情的表现。但运用反语时,一定要认清对象:对敌人可以冷嘲热讽,狠狠打击;对自己人和朋友万万不可进行辛辣讽刺,只可用于轻松幽默的调侃,以达到正面说明所达不到的效果。

7. 反复

反复是为了突出某个意思,强调某种感情,有意重复某些词语或句子的一种辞格。反复有两种:连续反复和间隔反复。反复可以突出重点,增添旋律美。连续反复常与排比结合使用。例如,"时间就是生命,时间就是速度,时间就是力量"是排比兼反复。反复着眼于词语或句子字面的重复;排比则是对结构和字数方面的要求,不要求一定要有反复的词语,重在加强语句的气势。

8. 排比

排比是将几个内容相关、结构相同或相似、语气连贯的词语或句子组合在一起,以加强语势的一种辞格。排比的句式整齐,可使语意鲜明,语气连贯,用于抒情则使感情激越,具有磅礴的气势;用于说理,则缜密细致,论证有力,具有很强的说服力。例如"我喜欢春天的鲜花,喜欢夏天的绿叶,喜欢金秋的硕果,喜欢冬天的飞雪"。

9. 层递

层递是将三项以上的语言单位,在语意上进行递升或递降排列的一种辞格。使用层递重在语意上的推进,其特征是逐级而上或逐级而下。运用层递可以有条不紊地描述事物,也可以层层深入,透辟地说明事理。层递在句式上类似排比,但是每个构成部分的语义有程度上的递增或递减的区别,排比各项则是平列没有主次之分的。例如"一个人要不断进步就必须年年学,月月学,天天学",这个例子属于层递中的递减。

10. 对比

对比是把两种相反相对的事物或同一事物的两个方面相互比较的一种辞格。对比是客观事物的对立统一在修辞上的一种表现。例如:"他对同事对朋友非常慷慨大方,但是对自己却非常吝啬。"

11. 对偶

对偶是把一对结构相同(或相似)、字数相等的句子(或短语)并列起来,表达相关或相对意思的一种辞格。对偶是汉语特有的修辞手法之一,具有民族文化特征,源远流长。对偶运用得好,可使形式上整齐匀称,语义上互相映衬,加强表达的艺术效果,所以除了对联、春联、诗词里用对偶,在现代文里也常常运用对偶来叙事、议论或抒情。形式上,对偶可分严对和宽对;内容上,对偶可分正对、反对和串对三种。例如"虚心使人进步,骄傲使人落后"是宽对、反对。

修辞格在实际使用中有互相交织的情况,或者连用,或者套用,或者兼用。运用修辞格的目的,是使言语进一步美化,使信息进一步强化,使表达更加生动且富于变化,从而使语言更具艺术性、感染力和冲击力。

(三)修辞格的运用

要认识修辞格的特点并不难,难的是如何在实践中巧妙、准确地运用来表达思想,让听话人更乐意接受。巧妙运用修辞格,可以使言语内容与言语形式完美结合,创造出发话人和受话人有效沟通的形象和意境,有助于调动受话人的情绪,特别是心理联想活动,有助于受话人根据言语信息进行再创造,从而使发话人的意图和受话人的理解高度一致,交际双方达到默契。所以,修辞格已经成为当代强化言语交际艺术的重要手段。当代社会的很多广告词,特别注意利用修辞格来创设形象意境,引发受话人(消费者)的注意、兴趣和参与,从而给人留下深刻印象。例如:

①脱"脂"而出(减肥茶广告,使用仿拟)
②像母亲的手一样柔软的儿童鞋(儿童鞋广告,使用比喻)
③车到山前必有路,有路必有丰田车(轿车广告,使用顶真)
④平时注入一滴水,难时拥有太平洋(保险广告,使用双关)
⑤安全　安静　安适(民航公司广告,使用同字)
⑥早一天使用,迟一天衰老(防皱霜广告,对比)
⑦客上天然居,居然天上客(饭店对联,使用回环)
⑧春种一粒粟,秋收万颗籽(股票广告,使用对偶、双关)

这些广告词,构思精妙,新颖独特,且简练明快,贴近生活,经过报刊、广播、电视、网络等媒体的传播与反复渲染,影响之大是可以想象的,商家随之获得的巨大的经济效益也自不待言。据说深圳某公司发行股票,上市之初购者寥寥,后来公司打出例⑧的广告,点出了股票的功利价值,通俗实在,充满诱惑力,一下子就把人们的购买热情激发起来了,结果股票迅速销售出去了。这个广告词借用人们熟知的古诗,与股票的功利性巧妙结合,可谓化腐朽为神奇。修辞格所表现的言语艺术特色,值得每一个学习语言、希望提高言语交际技巧的人重视。

修辞格是建立在语言、心理、逻辑、美感的基础上的,符合人们使用语言求新、求美、传情达意的心理,具有特殊的审美效果,可以在最大限度上满足受话人的审美需求,充分调动受话人的情绪。同时,修辞格创造出与受话人有效沟通的形象和意境,内容与形式完美结合,有助于受话人进行联想和再创,从而达到发话人与受话人的高度一致,达到交际的默契。可以说,修辞格就是言语交际过程中审美的产物,是言语交际双方共同创造最佳表达效果的审美活动。

发话人运用修辞格具有主观性,是个性化的,受话人接受修辞格同样是个性化的,需要根据对方的身份及自己的身份、环境、已有知识去构建、理解隐含在修辞格中的信息。接受者的个性心理不同,其感知和欣赏体验就不同。文学欣赏中常常会产生一千个读者就有一千个哈姆雷特的现象,在领悟修辞格时也有这样的现象。修辞格的表达效果再好,无论载有多么丰富的信息,表达了多么深刻的意义,这种信息和意义都是发话人主观潜存在话语中的,需要受话人的二次开发,方能揭示、领会其中的信息内容,否则修辞格的运用就毫无实际意义。可见,修辞格的正确运用,不仅仅是把握格式问题,还要注意听话对象的特点,适应语境要求,做到见机行事,而不是一味简单套用。

因此,运用修辞格,就必须注意找到发话人和受话人的最佳结合点,既准确传递信息,又准确理解信息,从而达到发话人与受话人一致,互相契合,收到预期的表达效果。这需要注意修辞格使用的一些潜规则,即运用修辞格的基本要求。运用本族语言特殊的表达方式的要求,并没有一种成文的规定,但是实际上仍然具有一定的规则限制,人们使用修辞格,自觉不自觉地使用了这种规则要求,只有这样,使用修辞格才能获得应有的表达效果。比如汉族人说别人傻、笨,一般会说"像木头一样",但是绝对不会说"像卷心菜一样",这是因为汉民族不用卷心菜来比喻人傻和笨,这是法国人惯用的比喻方式。这种人人都遵循的潜规则,实际上就是一种文化制约。

　　修辞格虽然是一种特殊的表达格式,但是仍然具有很强的主观体验性,需要我们长期实践来感悟和体验,准确地捕捉到别人所没有的艺术感觉,从而赋予对象以新颖而深刻的意蕴,使其艺术感染力更加强烈,并非简单套用就可以收到极好的表达效果。而要做到创新运用修辞格,发话人必须想象力丰富,意绪翩翩,展翅翱翔如天马行空,更要用艺术的感觉去感受,用艺术的眼光去观察,用艺术的思维去综合,这样才能艺术化地表达出来,给人以前所未有的震撼与冲击。

　　言语表达中使用修辞格,最重独创、原创,新颖独特,这与人们的求新求变的言语心理是一致的。要做到这一点,一方面要学习前人的言语成果,适当借鉴翻新,但是翻新也必须是出人意料之外,不是简单模仿,落入窠臼;另一方面要以独特的视角观察生活,表现客体,勇于挑战传统的言语表达方式,善于发现别人所没有发现的角度,积极开发潜在的言语表达形式,别出心裁地表现出来,给人耳目一新的感受。这就要求言语表达者在创造性地使用修辞格表达思想感情时，必须充分运用逆向思维、发散思维、变形思维，突破思维定式，摆脱常人经验造成的因袭心理定式，结合个人的独特审美感受运用修辞格，表现客体事物和情感思想，这样才能创造出与言语交际对象有效沟通的形象和意境，以强烈的冲击力和震撼力去感染受话人，引起对方的情感共鸣。修辞格的创新运用，有助于更好地发掘潜在的语言表达形式，从而丰富语言的表达手段，最终促进语言的发展。可见，修辞格的创新运用，无论就其言语表达效果来看，还是就语言本身的发展来看，都具有非常重要的意义。

结束语

本章介绍了语言运用的技巧——修辞，其实修辞也是运用语言的常见活动，是每个人都在自觉不自觉进行的一种活动。我们在前面几章学习了语音、语汇和语法，了解了普通话这个语言大厦的基本构成情况，学习这些知识的目的，都是为了更好地运用语言，也就是更好地进行修辞，通过精准的语言形式，使语言更准确地表达我们的思想，让听话人接受我们的思想，这可以说是修辞的最高目标。那么要达到这个最高的目标，运用语言，进行修辞活动，就要注意目的性、适应性和创新性。注意了运用语言的目标，说话才不会跑题，根据目的采用不同的修辞方式。注意了适应性，运用语言才会考虑语境的种种限制，考虑时间、空间、对象的不同特点，考虑修辞方式是否恰当，避免自说自话，对牛弹琴。注意到创新性，说话才会具有个性特点，突破常规，与众不同，创造出他人意中有、他人表达无的独特的表达形式。修辞水平的提升是一个长期的语言实践过程，需要我们不断观察生活，不断积累知识,不断在飞扬前进的社会中进行积极的语言实践来浸润锤炼,通过自己的独特认识来放大词义中蕴含的某些特征,挖掘出一般人缺乏认知的功能,创造出耳目一新的语言表达方式,而不是纸上谈兵。